웹 진화론

웹 진화론

초판 1쇄 펴낸 날 2006년 9월 16일 10쇄 펴낸 날 2011년 4월 26일
지은이 우메다 모치오 옮긴이 이우광 펴낸이 박설림 펴낸곳 도서출판 재인
등록 2003. 7. 2 제300-2003-119 주소 서울시 강남구 도곡동 467-6 대림아크로텔 1812호
전화 02-571-6858 팩스 02-571-6857

ISBN 89-90982-19-7 03320 Copyright © 재인, 2006 Printed in Korea.

책값은 뒤표지에 있습니다. 잘못된 책은 바꿔드립니다.

mplicity

Joy of Use

sability   AJAX

The Long Tail

Economy

Affiliation
COSTPERCLICK

2.0

Design
SIMPLICITY

Simplicity

CSS-Design
AJAX
Web Standards
Microformats The Long Tail
Economy

Affiliation
COSTPERCLICK

b2.0

Design
SIMPLICITY

Standardization
CSS-Design
Web Standards
Microformats

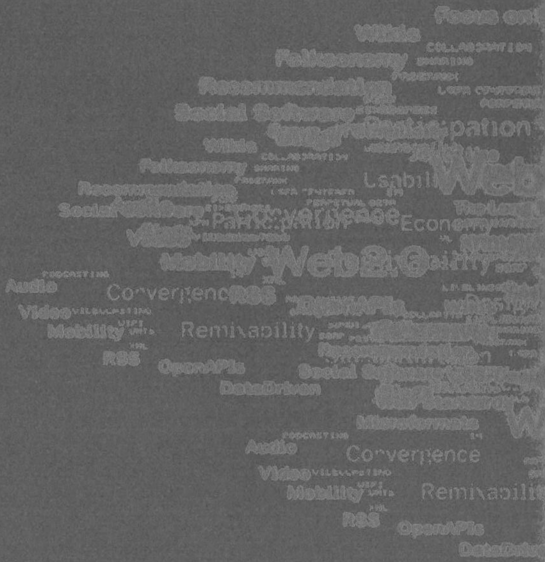
Web2.0
Audio
Convergence
Video
Mobility
Remixability
RSS
OpenAPIs
DataDriven

plicity
Joy of Use AJAX
ability
The Long Tail
Economy
Affiliation
COSTPERCLICK
LIKELINESS
Design
MODULARITY SIMPLICITY
FLEXONRAILS

Simplicity
CSS-Design
ACCESSIBILITY AJAX
Web Standards
roformats The Long Tail
Economy
Affiliation
COSTPERCLICK
LIKELINESS
Design
MODULARITY SIMPLICITY
FLEXONRAILS

Standardization
CSS-Design
HTML ACCESSIBILITY
Web Standards
Microformats

웹 진화론

Focus on Simplicity

Wikis   Joy of Use
Folks
Recommendation   AJAX
                    Usability
Blogs   Participation   Economy
                             Affiliation
      Social Software Web2.0
Audio   Convergence   Design
Video
Mobility   Remixesh's   Standardization
RSS   OpenAPIs   CSS-Design
      DataDriven   Web Standards
                          Microformats

The Long Tail

세상을 바꿀 엄청난 변화가 시작됐다

우메다 모치오 지음 ㅣ 이우광 옮김

재인

추천의 글

  지난해부터 실리콘밸리를 사로잡고 있는 키워드 중 하나가 '웹 2.0'이다. 웹 2.0은 세계 인터넷 비즈니스가 지난 2000년의 '닷컴 버블'을 극복하고 새로운 발전 단계에 접어들었음을 나타내는 신호탄이다. 하지만 그 즈음에 한국에서는 웹 2.0이라는 개념 자체를 아는 이가 드물다는 사실을 알고 깜짝 놀랐다. '대한민국=인터넷 강국'이라는 말이 무색할 지경이었다. 세상은 빛의 속도로 변화하고 있는데, 혹시 우리나라만 IT 강국이라는 과거의 영화(榮華)에 취해 있는 것은 아닐까?

  우메다 모치오(梅田望夫)의 『웹 진화론』은 인터넷 세계의 최신 동향을 매우 잘 짚고 있는 책이다. '웹 2.0'이라는 새 깃발 아래 웹사이트가 우리의 생활과 문화, 그리고 비즈니스 세계를 얼마나 근본적으로 뒤바꾸고 있는가를 일목요연하게 보여준다. '이 책을 읽다 보면 미래의 모습을 엿볼 수 있다'는 저자의 주장이 과장만은 아니라는 느낌이 든다. 특히 '웹 2.0', '롱테일', '대형 합동작업(Mass Collabration)' 등 어렵기만 한 전문 용어를 알기 쉬운 사례를 곁들여 설명함으로써 일반인들에 대한 배려도 잊지 않고 있다.

  이 책은 또 새로운 웹 서비스가 어떻게 기존 질서를 재편하고 있는가를 잘 보여준다. '세상의 모든 정보를 정리한다'는 슬로건을 내건 구글은 역사상 어느 누구도 하지 못한 서비스를 제공하면서 새로운 형태의 경제 시스템을 만들고 있다. 또한 네티즌 참여형 온라인 백과사전인 위키피디아와 다양한 오픈소스 운동은 전에는 상상할 수 없었던 새로운 사회 경제 현상을 만들어내고 있다.

아울러 이 책은 불특정 다수 무한대의 네티즌들이 만들어내는 블로그(Blog) 등 새로운 현상에 대한 통찰력 있는 분석도 돋보인다. 특히 인터넷에 대해 잘 모르는 미디어 기득권층이 왜 어떤 방식으로 인터넷의 약점이나 부작용만을 확대 재생산하는가에 대한 저자의 통찰력은 탁월하다고 본다.

꼭 IT 업계의 전문가가 아니어도, 실리콘밸리의 최신 흐름과 우리가 살아갈 미래 인터넷 세상의 모습을 알고 싶은 사람에게 꼭 추천하고 싶은 책이다.

안철수 안철수연구소 이사회 의장

추천의 글

"커뮤니케이션 혁명이 새로운 세상을 만들어온 방식을 깨닫지 않고는 아무것도 올바르게 이해할 수가 없다."

– 찰스 쿨리(Charles Horton Cooley, 미국의 사회학자), 1901

1991년 3월 월드와이드웹(WWW)의 탄생 이후 인터넷은 모방과 변이, 혼합으로 끊임없이 진화하는 공간이었다. 인터넷이 이끄는 신경제는 환호와 찬사를 받으며 90년대 말 새로운 경제 패러다임으로 자리잡았고 그 진화의 정점에 선 듯했다. 그러나 2000년 봄 미국 나스닥에서 시작된 주식시장의 붕괴는 전세계의 인터넷 기업으로 물밀듯이 번져갔다. 환희와 존경은 슬픔과 조롱으로 바뀌었고 주식시장에서뿐 아니라 현실 비즈니스에서도 인터넷 기업은 패잔병 신세가 되었다.

등을 돌린 민심은 인터넷 쇼핑몰 아마존이 미국 도처에 거대한 물류창고를 짓는 모습을 보면서 "오프라인 서점인 반스 앤드 노블스와 무슨 차이가 있냐"고 되물었으며 뉴 미디어를 표방하면서도 올드 미디어의 수익 모델을 웹으로 치환한 배너 광고에 의존하는 포털 야후의 미래 가치에 의심의 눈길을 보냈다. 검색창 하나 달랑 걸어놓은 구글에 대해서는 관심조차 두지 않았었다. 한국의 상황도 예외는 아니었다.

그러나 새로운 세상에 대한 열정과 혁신으로 뭉친 개인과 기업들은 잿더미 위에서 희망의 발걸음을 멈추지 않았다. 끊임없는 혁신으로 가치 있는 비즈니스 모델을 지속적으로 만들어냈고 부족한 유전자를 보충하기 위해 다양한 M&A가 이루어졌다. 무엇이 혁신적인 것인지를 눈으로 증명하기 시작했다. 뜬구름 같았던 주식 가치가 아니라 손에 잡히는 매출액으로 인터넷 기업과 산업의 가치를 증명했다.

아마존은 전체 판매 도서의 1/3 이상을 반스 앤드 노블스에서 찾을 수 없는 책으로 채웠으며 웹에서 가능한 독창적인 리뷰와 추천 기능으로 새로운 시장의 선순환 구조를 창조했다. 야후와 구글 역시 검색 광고라는 신천지를 개척했고 새로운 경제 시스템으로 자리잡게 했다. 이제 사람들은 폐허 속에서 성장한 인터넷 기업들이 생존하고 진화, 발전할 수 있었던 원동력이 과연 무엇일까에 관심을 돌리고 있다. 그들은 롱테일(Long tail), 집단 지성, 그리고 오픈소스 등으로 대표되는 공통 분모들을 하나하나 찾아내기 시작했고 이러한 진화의 코드들을 모아서 웹 2.0이라고 통칭하고 있다.

저자 우메다 모치오는 지난 10년간 실리콘밸리에서 인터넷 산업의 흥망성쇠를 지켜보면서 터득한 경험과 시각을 바탕으로 웹과 산업의 진화를 쉽고 풍부하게 설명하고 있다. 『웹 진화론』은 인터넷 시대의 헤게모니를 쥐고 있는 정보와 서비스 영역을 놓치고 하드웨어 제조에만 집착하는 일본 IT산업의 고루함에 경종을 울리고 있다. 그런 면에서 대기업과 종신고용의 혜택이 사라지는 일본을 뒤로 하고 벤처와 실리콘밸리로 도전하는 젊은이들을 위한 친절한 안내서이다. 또한 글로벌 기업 컨설턴트 출신과 45살이라는 모든 기득권을 포기하고 웹 2.0을 표방하는 작은 벤처기업에 참여하는 본인 스스로의 긴 출사표이기도 하다.

  우메다 모치오는 일본의 대표적인 인터넷 기업인 야후 저팬이나 라쿠텐이 구글과 아마존처럼 독창적인 서비스로 웹 2.0 시대를 선도하지 못하는 현실을 안타까워하고 있다. 반면 한국은 어떠한가! 한국의 인터넷 비즈니스는 이미 서비스적으로 세계의 트렌드를 선도하고 있다. 세계적인 붐이 일고 있는 1인 미디어 서비스와 지식 검색 서비스는 미국과 일본의 업체들이 벤치마킹하면서 뒤를 따르고 있다. 그러나 기득권을 던지며 도전하고 혁신하라는 그의 외침은 한국의 인터넷 산업계에도 예외가 될 수 없을 것이다.

유현오 SK 커뮤니케이션즈 대표이사

추천의 글

인터넷이 대중들에게 본격적으로 쓰이기 시작한 건 불과 10여 년 전부터다. 솔직히 고백하건대, 당시에 나는 언론사에서 이 분야의 취재를 전담하는 처지였으면서도, 인터넷이 이렇게 빨리 세상을 바꿔놓으리라고는 짐작하지 못했다. '산업화는 늦었지만, 정보화는 앞서가자'라는 구호와 함께, '어린이에게(도) 인터넷을'(서둘러) 보급하자는 캠페인을 펼치면서 "인터넷은 우리가 생각하는 것보다 훨씬 빠르게 생활 곳곳에 파고들 것"이라고 말하고 다녔지만, 그 당시의 예견보다 지금의 세상은 더 크게 달라져 있다.

기자 생활을 접고, 세계 정보통신 산업의 심장이라고 여겨지는 실리콘밸리에서 몇 년 동안 경험을 쌓은 뒤 돌아와 국내 대표적인 포털의 최고경영자로 일하고 있는 지금도 인터넷의 미래에 대한 질문을 받으면 난감하다. 10년은커녕, 6개월 뒤에 일어날 일도 자신 있게 말하지 못하겠다는 것이 결코 겸손이 아니다.

이 분야에서 내로라하는 성취를 이뤄낸 분들 가운데서도 같은 고충을 이야기하시는 분이 계신 것을 볼 때는 개인적인 탓만은 아닐 것이라고 위안을 삼기도 한다. 크게 앞질러가는 성과는 아니었어도, 큰 흐름에서 탈락하는 실책은 아직 저지르지 않은 듯싶어 낙담은 않는다. 어쩌면 지금 내가 해야 할 일은 인터넷의 변화를 예측하는 것이 아니라, 변화를 주도해야 하는 것인지도 모른다.

생각하는 것보다 빠르고 광범위한 변화를 몰고 오는 인터넷에 대해 당혹감을 느끼면서도, 인터넷에 대해 불안감보다는 기대감을 더 많이 갖고 있는데, 이번에 우메다 모치오가 정리한 『웹 진화론』을 읽고는 그 근거가 무엇이었는지 확실해졌다.

기술의 발전이 정보통신 관련 비용을 기하급수적으로 줄여준다는 것은 상식이지만, 이를 기반으로 각종 '독점 기득권'의 장벽이 무너지고 있음을 간파해 낸 '치프혁명'에서 그가 인터넷의 진화 방향을 어떻게 보고 있는지가 잘 드러난다. '치프혁명'의 결과로 대부분 가치 없는 정보더미로 치부되던 개개인들의 콘텐츠가 양적으로 늘어날 수 있게 되고, 그러면서 질적으로도 가치 있는 정보가 태어날 수 있음을 풀어 보인 「블로그와 총 표현사회」에서는 고개가 끄덕여진다. 이미 「새로운 부의 분배 메커니즘」으로 입증된 애드센스에 대한 그의 설명을 거치고 나서는 인터넷의 무한한 파워가 어디까지 미칠 것인지 새삼 놀라게 되면서 그의 결론이 무엇일까 궁금한 마음에 성급해졌다.

저자는 인터넷이 가진 힘의 원천을, '불특정 다수를 무한대까지 확장' 시킴으로써 그전까지는 의미 없거나 가치 없던 일들에서 전혀 새로운 의미와 가치를 만들어내는 것으로 보고 있다. 그리고 그 결과로 기득권층에 큰 변화가 올 것으로 전망한다.

이 책은 특히 인터넷이 가져온, 그리고 앞으로 가져올 변화가 내키지 않거나 불안하다고 느끼는 사람들에게 유익할 것 같다. 원치 않더라도 변화는 앞으로 닥쳐올 터인데, 그 대비책을 찾는 데 도움을 주거나, 적어도 걱정은 크게 덜어줄 것이기 때문이다.

한 권의 책을 읽고 인터넷의 미래를 완전히 꿰뚫기는 어렵겠지만 『웹 진화론』은 지금 세상을 온통 휘젓고 있는 인터넷의 실체와 진화 방향을 그 무엇보다도 투명하게 들여다볼 수 있는 환한 창이 되어주 리라고 본다.

석종훈 다음커뮤니케이션 대표이사

차 례

서장

'웹 사회',
세상을 바꿀 엄청난
변화가 시작됐다

'치프(cheap)혁명'이 일으킨 지각 변동

정보 기술(IT)이 사회에 미치는 영향이 화제에 오를 때마다 반드시 언급되는 법칙이 있다. 인텔의 창업자인 고든 무어가 1965년에 제창한 법칙, 바로 '무어의 법칙(Moore's Law)'이다. 무어의 법칙이 나온 지 40여 년이 지났건만, 21세기의 IT산업은 여전히 이 법칙의 지배를 받고 있다. 앞으로도 상당 기간 무어의 법칙은 유효할 것이다.

"반도체의 성능은 1년 반을 주기로 두 배씩 향상된다"는 이 단순한 법칙이 요즘에 와서는 "각종 IT 관련 제품의 가격은 매년 30~40퍼센트씩 하락한다"는 다소 넓은 의미로 사용되고 있다.

신제품이 시장에 등장하면 곧바로 "기능을 추가해 달라", "성능을 개선해 달라", "사용하기 쉽게 만들어달라" 등등 소비자들의 요구가 빗발친다. 그에 따라, 가격은 그대로 유지한 채 제품의 기능과 성능, 사용의 편리성 등이 개선된다. 그러나 시간이 흘러 그 제품의 시장이 성숙되고 제품에 '필요·충분한' 기능이 모두 갖춰지게 되면 단번에, 그리고 급속히 가격이 떨어진다.

무어의 법칙이 40여 년이나 지속되어 온 결과, 우리들은 마침내 '치프혁명(Cheap Revolution)'이라고 불리는 시대의 은총을 만끽하게 되었다. 이런 현상을 예리하게 지적한 사람이 미국 『포브스』지의 발행인 리치 칼가드(Rich Karlgaard)이다.

'치프혁명'이라는 개념에는 다음과 같은 다양한 내용이 녹아들어 있다.

- '무어의 법칙'에 따라 계속 하락하는 하드웨어 가격
- 리눅스로 대표되는 오픈소스 등장에 따른 소프트웨어 무료화
- 브로드밴드의 보급에 따른 회선 비용의 대폭 하락
- 검색 엔진과 같은 무상 서비스의 충실화

이들이 치프혁명의 주된 내용이다.

그렇다면 치프혁명의 결과로 우리 앞에 나타날 '앞으로의 10년'은 어떤 세상일까.

그것은 바로 IT 세상을 사는 데 필요한 모든 기능을 '누구나', '비용 걱정 없이' 손에 넣을 수 있는 세상이다.

2005년 일본에서는 '후지TV - 라이브도어 사건(인터넷 포털 업체 라이브도어가 후지TV의 최대 주주인 닛폰방송 주식을 사들이며 후지산케이 그룹을 장악하려 했던 사건 - 옮긴이)'과 'TBS방송 - 라쿠텐(樂天) 문제(대형 인터넷 쇼핑몰 업체 라쿠텐이 민영방송 TBS 주식을 대거 사들여 경영권을 위협했던 사건 - 옮긴이)'로 한바탕 소동이 벌어졌다. 알고 보면 이 두 사건은 치프혁명과 밀접한 관련이 있다.

방송사라는 것은 영상 콘텐츠를 제작해서 널리 배급하는 존재다. 이를 위해 각 방송사들은 프로그램의 제작과 편집에 필요한 설비에 막대한 투자를 해왔다. 그러나 치프혁명 시대를 맞은 오늘날, 방송사의 영상 콘텐츠 제작과 배급 기능은 일반 가정의 컴퓨터와 주변기기, 그리고 인터넷의 기본 기능 안에 모두 들어 있다. 다시 말해 영상 콘텐츠의 제작과 배급이 이제는 방송국만의 특권이 아니라는 얘기다. 누구나 컴퓨터만 있으면 쉽게 만들고 배포할 수 있는 시대가 되었다.

무어의 법칙은 가히 가공할 만하다. 일반 시청자가 너무도 쉽게 방송국 수준의 기능을 갖추게 되었고, 더구나 거기에 필요한 장비의 가격 대비 성능이 해마다 엄청난 기세로 향상되기 때문이다.

"영상 편집 도구를 갖췄다고 해서 누구나 뛰어난 영상물을 만들 수 있는 것은 아니다."

"제작 환경을 갖췄다고 해서 세상 모든 사람이 뮤지션이 될 수는 없다."

"워드 프로세서가 보급됐다고 해서 모두가 일류 작가가 되는 것은 아니다."

이러한 주장은 분명 진실이다. 하지만 장비의 보급과 일반화가 우리들의 능력을 여러 단계 높여준 것 또한 사실이다. 요즘 세대는 어린 시절부터 이러한 장비와 환경 속에서 살아왔다. 이들은 분명 구세대와는 다른 표현 능력을 갖췄을 것이고, 이 분야의 뛰어난 인재가 배출되는 비율도 과거와는 비교가 안 되게 높을 것이다.

치프혁명이 일어나기 전에는 이러한 표현 행위를 하려면 방송국이나 출판사, 영화사, 신문사 등의 조직에 소속되든가, 아니면 이들 조직이 인정한 '올바른' 과정을 밟아야 했다. 그것이 바로 기존 미디어에 권위가 생겨난 배경이다.

그러나 이제 전세계적으로 10억 명 전후의 사람들이 어떤 형태로건 자신을 표현할 수 있는 도구를 갖추게 되었다. 만일 그런 장비와 도구가 '무어의 법칙' 아래 진화를 거듭한다면 어떤 일이 벌어질까. 아마 지금과는 비교도 안 되게 방대한 양의 콘텐츠가 시장에 쏟아지는 현상이 나타날 것이다. 지금 당장은 인구 전체로 볼 때 실제로 그런 콘텐츠를 만들거나 표현 행위를 하는 사람들의 비율이 그리 높지 않다 하더라도, 앞으로 모집단(母集團)이 수천만 또는 수억에 달하게 되면 콘텐츠의 수급 균형은 단번에 붕괴될 것이다.

기존 권위층은 곧잘 "그런 사람들이 만들어내는 콘텐츠는 대부분이 쓰레기다"라고 말한다. 하지만 그러한 방대한 콘텐츠 중에서 옥석을 가려내는 기술 또한 나날이 발전하고 있다. 일취월장(日就月將) 정도가 아니라 '분취일장(分就日將)'의 속도라고 할 만하다. 후지TV - 라이브도어, TBS - 라쿠텐 문제는 결국 '치프혁명'이 초래한 것이다.

이제 사람들은 대부분 자신을 표현하는 도구를 갖추게 되었다. 즉, 자신을 표현할 능력을 갖게 된 것이다. 이를 '총(總) 표현사회'라고 부른다. 총 표현사회는 방송국으로 대표되던 기존 미디어의 권위를 흔들 것이다. 아니, 그런 현상이 이미 시작되었다.

구글의 야심, "지식 세계의 질서를 재편한다"

글을 쓰고 사진을 찍는다. 말하고 대화하고 토론한 것을 녹음한다. 음악을 만들고 그림을 그려 홈비디오로 예술작품을 제작한다. 영화를 만든다. 그리고 그 일련의 창작물을 인터넷에 올린다.

이런 행동들이 어떤 결과를 낳을까.

물론 10년 전, 그러니까 인터넷이 등장한 초기에도 이런 활동은 활발히 이루어졌다. 여기에 관련된 토론이 오갔고, 이것을 사업화하려는 시도도 적지 않았다. 그러나 '제1차 인터넷 붐'은 버블 붕괴와 함께 막을 내렸고, 결론적으로 말해 그때는 "아무 일도 일어나지 않았다".

"보통 사람들이 작품을 만들고 표현하려고 했지만 그 작품은 아무에게도 전달되지 않았다."

이것이 10년 전의 결론이었다. 이렇게 된 이유는 상상을 초월하는 방대한 콘텐츠에 옥과 돌이 혼재한 상태였고, 그 속에서 옥을 골라내는 기술이 당시에는 없었기 때문이다.

그러나 엄청난 기술 혁신이 일어나면서 상황은 단숨에 변했다.

"뭔가 표현해 봤자 아무에게도 전달되지 않는다"는 체념이 이제는 "뭔가 표현하면 반드시 그것을 필요로 하는 누군가에게 전달된다"는 희망으로 서서히 바뀌고 있다.

기술 혁신의 주역은 미국 실리콘밸리의 회사 '구글(Google)'이다. 이 회사는 "매일같이 생겨나는 지구상의 방대한 정보를 모두 정리해 낸다"는 이념 아래 1998년 창업된 벤처 기업이다. 이들은 2004년 여름에 주식을 공개했고, 2006년 2월 현재 시가 총액 1,100억 달러로 실리콘밸리 사상 유례를 찾을 수 없는 급속한 성장을 보이고 있다. 이제 전세계의 인재들이 구글에 취업하기 위해 몰려든다. 가히 21세기의 '괴물'이라 할 만하다.

"구글은 공짜로 검색 엔진을 제공하는 회사가 아닌가요?"

그저 이 정도가 구글에 대한 일반인의 이미지다. 그러나 검색 엔진 하나만 보더라도 이런 단순한 생각은 무너진다.

구글의 본질은 "이 세상 모든 언어의, 모든 단어의 조합에 의해 가장 적합한 정보를 제공한다"는 것이다. 즉 인터넷에 떠 있는 정보가 그 어떤 언어로 되어 있건 간에 인터넷 사용자에게 가장 적합한 정보를 찾아내어 제공해 주겠다는 것이다.

그들은 나날이, 시시각각으로 바뀌는 전세계 인터넷상의 정보를 자동적으로 끌어모아서 그 의미와 비중, 그리고 정보 간 상호 관계 등을 끊임없이 분석한다. 이런 작업을 하기 위해서 30만 대에 달하는 구글의 컴퓨터는 365일 24시간 가동된다.

　"만약 세계 정부라는 것이 있다면, 그리고 세계 정부에서 개발해야만 하는 시스템이 있다면⋯⋯."

　현실적으로 세계 정부라는 것은 없다. 그러니 구글이 세계 정부를 대신해서 그 모든 것을 이루어내겠다는 것이다. 그리고 그것이 바로 자신들의 사명이라고 믿는다. 그들은 지식 세계의 질서를 재편하려고 한다. 이것은 구글에서 일하는 한 친구에게 직접 들은 얘기다.

　실로 상상하기 힘든 엄청난 짓을 하겠다는 것이다. 하지만 초롱초롱한 그들의 눈을 보면 결코 농담이 아님을 알 수 있다. 진심으로 그렇게 생각하고 있고, 실제로 그런 물건들을 속속 개발해 내고 있다.

　구글의 등장은 세계 IT 관계자들을 자극했다. 그 결과로 인터넷상의 방대한 정보에 대한 연구, 기술 개발, 그리고 비즈니스 창조가 엄청난 기세로 이뤄지고 있다. 이것이 '포스트 인터넷 버블'이라는 오늘날의 현상의 본질이다. 1990년대 후반과는 양상이 전혀 다르다.

　구글은 인터넷 등장 이래의 현안이던 '옥석을 가리는' 문제를 해결하려고 한다.

　치프혁명에 의해 표현 행위를 위한 '가격의 문턱'이 끊임없이 낮아지면서 누구라도 필요한 장비를 갖출 수 있게 되었고, 그 결과 표현 행위는 정신을 차릴 수 없을 정도로 늘고 있다. 거기에 구글과 치프혁명이 상승효과를 일으키고 있다.

그러나 진정으로 엄청난 변화는 이제 시작에 불과하다. 앞으로 글과 사진, 말, 음악, 회화, 영상 등 온갖 분야에서 세계 최정상을 가리는 권위 있는 경진대회의 문이 세계 수십억 모든 사람에게 활짝 열릴 것이다. 그리고 이는 궁극적으로 '프로페셔널이란 무엇인가', '프로페셔널을 인정하는 권위자는 누가 될 것인가'라는 논쟁을 불러일으킬 것이다.

영어권에서는 이 문제가 이미 표면으로 떠오르고 있다. 인터넷에서의 옥석을 가리는 문제만 해결된다면 '재야'의 정상급이 정보를 공개하고 역시 '재야'의 수준 높은 참석자가 인터넷에서 그 정보를 평가하게 될 것이다. 인터넷에서 참석자들이 나누는 토론의 질이 기존의 권위 있는 전문가들(대학교수, 신문기자, 평론가 등)의 것보다도 높아질 것이다. 이미 사람들은 그런 세상이 오리라는 사실을 피부로 느끼기 시작했다. 여러 분야에서 이 같은 일들이 현실이 될 것이다. 그렇게 되면 기존의 전문가들도 인터넷상에서 벌어지는 논의의 장에 진지하게 참여하지 않을 수 없게 된다. 바로 그때 기존 미디어의 권위는 흔들리게 될 것이다.

하지만 인터넷에서 프로페셔널로 살아남기 위해서는, 세계 최고 권위의 경진대회에 참가할 자격이 주어지는 예선전에서 끊임없이 싸워야 한다. 무한경쟁, 즉 '자유경쟁'과 '계속경쟁'의 시대가 올 것이다. 누가 진정한 프로인지를 인정하는 권위가 기존 미디어에서 구글을 비롯한 '기술'로 옮겨간다.

프로에게 돈을 지급하는 '부(富)의 분배 메커니즘' 역시 완벽하게 바뀐다. 진보된 인터넷 기술이 그때그때 '최고의 프로'를 인터넷상에서 선발하며, 그들이 사회에 미친 지적(知的) 공헌을 자동으로 산정한다. 그리고 광고비 등을 자본금으로 삼아, 개인별로 매우 세밀하게 계산된 매우 정확한 보수를 자동으로 분배하게 될 것이다.

물가가 비싸지 않은 개발도상국의 젊은이들은 지적 생산 활동의 결과를 인터넷에 공개하고, 그 대가로 매달 구글이 지급하는 보수로 의식주를 해결할 수 있을 것이다. 그런 꿈같은 세상을 실현하기 위한 기술은 이미 우리들이 상상할 수 있는 수준을 크게 넘어섰다. 이것이 21세기 초, 지금의 현실이다.

'엄청난 변화'가 서서히, 그러나 철저하게 사회를 바꾼다

이러한 새로운 현상이 인터넷상에서 일어나는 한편으로, 우리들은 여전히 TV를 보고 신문을 읽으며 잡지를 사고 전화를 건다. 막대한 제작비를 들인 할리우드 영화를 극장에서 보고 DVD도 산다. 장편소설을 종이책 형태로 읽고, 인기 뮤지션의 CD를 산다. 따라서 '인터넷은 기존 미디어를 사멸시킬 것인가'라는 단순 논쟁으로 신구(新舊) 세력의 경쟁을 논하기는 어렵다.

"2005년은 구글과 야후의 광고 수입이 미국 3대 TV(ABC, CBS, NBC)의 프라임타임 광고 수입과 비슷해지는 해가 될 것이다."

신진 세력과 기존 세력 간에 쟁탈전이 벌어지고 있는 광고 시장이라는 파이에 관해 영국의 『더 이코노미스트』지는 2005년 4월 30일자에서 이렇게 전망했다. 일본도 2004년에 인터넷 광고가 라디오 광고 수입을 넘어섰고, 2008년에는 잡지 광고 수입을 넘어설 것으로 예상된다.

그러나 광고 산업 전체를 놓고 볼 때 인터넷의 광고 잠식은 이제 시작에 불과하다. 전세계 메이저 미디어(신문·잡지·TV·라디오·영화·옥외광고·인터넷)의 광고 총액은 약 3천3백억 달러 규모인데, 이 중 인터넷 광고는 2007년이 돼야 겨우 180억 달러에 달하게 된다.

즉 산업 구조적으로 말하자면, 신진 세력과 기존 세력의 공존은 앞으로도 상당 기간 지속되며, 그러는 가운데 인터넷이 조금씩 기존 미디어를 잠식해 들어가는 형세가 될 것이다. 그리고 그 과정에서 기존 세력들이 인터넷의 잠식에 대항해 합종연횡할 것이다.

예를 들어 미국은 이미 '대(大)번들(bundle) 시대'를 맞고 있다. 일반전화와 휴대전화, TV, 브로드밴드, 엔터테인먼트 콘텐츠 등 서비스군을 하나로 묶어 제공하는 경쟁이 전화 회사와 케이블TV, 방송국, 할리우드 등을 중심으로 차츰 치열하게 전개될 것이다. 그러나 본질은 그것이 아니다. 중요한 것은 기술 혁신에 의해 지식 세계의 질서가 재편된다는 점이다.

지금부터 시작될 '엄청난 변화'는 기술 혁신을 통해 오랜 시간에 걸쳐 서서히 일어나는 것이다. 급속하고 단편적인 변화가 아닌, 본질적인 변화이기 때문에 속도는 빠르지 않지만 사회를 근본적으로 바꿔나갈 것이다. 그리고 사람들은 어느 날 문득, 세상이 크게 변해 있음을 깨닫게 될 것이다.

인터넷이 지닌 가능성의 본질

　인터넷에서 가장 주목해야 할 부분은 '불특정 다수 무한대'의 사람들과 연결되는 데 드는 비용이 거의 '제로(0)'에 가깝다는 사실이다.

　당신은 어린 시절 "1억 명에게서 1원씩만 받아낸다면 1억 원을 벌 수 있을 것"이라는 다소 황당한 망상을 해본 적이 없는가? 사람들에게 "1원만 주십시오!"라고 구걸하면, 아마도 돈을 받아낼 확률이 꽤 높을 것이다. 하지만 그 1원을 1억 명에게서 받아내기 위한 노력과 비용이 너무 크기 때문에 실제로는 비현실적인 꿈에 불과하다. 만약, 1원을 받아내는 데 드는 비용이 1원보다 훨씬 적게 든다면 불특정 다수 무한대의 사람들에게 1원씩 받아내 1억 원을 버는 사업이 가능성을 띠게 된다. 이것이 바로 인터넷 비즈니스다. 시간이라는 측면에서 이 문제를 살펴보자. 종업원이 1만 명이라면 어엿한 대기업이다. 이 대기업이 하루 8시간 가동한다면 8만 시간이 가치 창출을 위해 투자된다는 계산이 나온다. '1만 명×8시간'이라는 공식에서 사람 수를 늘리고 대신 시간을 줄이면 어떻게 될까. 10만 명에게 48분씩을 받아내도 8만 시간이 확보된다. 100만 명일 경우 한 사람당 4분 48초씩만 얻어내면 된다. 1천만 명이면 28.8초. 1억 명이면 3초 미만이면 된다. 즉 1억 명에게 3초씩만 얻어내면, 종업원 1만 명의 기업이 하루 8시간 가동될 때 창출되는 가치를 만들어낼 수 있는 것이다.

(≒무한대) × (≒無) = Something(의미 있는 존재)

그냥 놔두면 사라져버리는 가치, 즉 아주 작은 돈이나 매우 짧은 시간 등은 그 자체로는 무(無)에 가까운 것이다. 그러나 이렇게 없는 것과 다름없는 가치들을 무한대로 모으고, 더불어 그런 가치들을 모으는 데 드는 비용이 '제로'에 가깝다면 어떤 일이 일어날까? 인터넷이 지닌 가능성의 본질이 바로 여기에 있다.

인터넷에는 선과 악, 정직함과 부정직함, 가능성과 위험 등 이 사회의 온갖 장점과 모순이 내포돼 있다. 혼돈이 존재한다. '앞으로의 10년'을 생각해 보면, 사람들이 원하건 원치 않건 간에 인터넷의 혼돈은 사람들의 돈과 시간을 삼켜가며 성장하고 거대해질 것이다. 그래서 가능성을 기대하기보다는 위험이라는 부정적인 요소로 인한 비판이 더 우세하다. 지금은 그런 시대다.

미국의 인터넷, 그 '안쪽'의 저력

일본의 휴대전화와 브로드밴드(고속 대용량) 인프라는 세계적인 수준이다. 미국인에게 "일본에서는 가정에서 싼 값으로 인터넷을 마음껏 즐길 수 있다"고 말하면 부러운 눈으로 바라본다. 인터넷의 인프라 면에서는 미국과 일본의 상황이 역전된 것이다.

구세대는 "IT는 미국이 압도적으로 앞서 있고 일본은 죽을힘을 다해 추격해야 한다"는 고정관념에 빠져 있다. 하지만 일본의 젊은 세대는 생각이 다르다. 얼마 전 실리콘밸리에 막 부임한 일본 기업의 주재원(25세)에게서 이런 말을 들었다.

"인터넷 인프라는 미국이 일본보다 훨씬 뒤져 있습니다. 그런데 말이죠, 인터넷 안으로 들어가보니 엄청나더군요. 미국의 저력을 느꼈습니다. 충격이었죠.”

귀를 의심했다. 이 발언은 “미국이 일본에 뒤졌다”는 전제에서 시작되긴 했지만 결론은 미국의 저력을 인정한 것이었기 때문이다. 그런 발상이 신선했다. 휴대전화와 브로드밴드 인프라가 세계적인 수준인 일본의 젊은 세대가 미국에 대해 갖는 자연스러운 느낌이 그런 것이었다.

그 젊은이는 과연 미국의 무엇이 엄청나다고 느꼈을까? 어디서 미국의 저력을 느꼈을까? 그가 충격을 받았다는 미국의 ‘인터넷의 안쪽’은 과연 어떤 모습일까?

미국의 인터넷, 그 안에서는 인터넷 사회라는 거대한 혼돈에 정면으로 맞서고 있다. 그 혼돈 속에서 새로운 기회를 발견하고 새로운 질서를 만들어내려 한다. 그런 미국의 자세에서 엄청난 스케일을 발견하고 놀랐을 것이다.

일본은 인프라 면에서는 세계 정상급이다. 하지만 인터넷의 선과 악 중에서 ‘악’을, 정직함보다는 ‘부정직함’을, 가능성보다는 ‘위험’을 강조하고 있다. 그래서 인터넷을 인터넷답게 만들어주는 개방성을 극도로 제한하려 한다. 인터넷이 아닌 현실 세계에 비중을 두며, 기존 질서를 유지하려 한다.

이런 경향은 일본의 기득권층에서 두드러진다. 인터넷이 자신들의 기득권을 위협하고, 더 나아가 존재 자체를 위협한다는 심리가 마음 깊은 곳에 깔려 있기 때문일 것이다.

미국은 인터넷이 갖는 ‘불특정 다수 무한대를 향한 개방성’을 대전제로 인정한다. '선'이라는 부분, '정직함'이라는 부분, 그리고 '가능성'을 직시한다. 그런 자세가 일본을 압도하는 것이다.

'정보 기술'이 아닌 '정보' 자체에 관한 혁명적 변화

이 책은 인터넷 세계의 최전선에서 지금 무슨 일이 일어나고 있는가에 초점을 맞췄다. 정보 기술(IT)이 아니라 '정보 그 자체에 관한 혁명적 변화'가 일어나고 있다는 사실을 알릴 것이다. 하지만 지금 그 대변화는 인터넷의 '저쪽 편'에서 일어나고 있다. 보이지 않는 장소에서 일어나는 변화이기 때문에 보려는 의지가 없으면 눈에 잘 들어오지 않는다.

예를 들어 이 책은 구글이라는 회사에 관해 빈번히 설명한다. 그러나 보려는 의지가 없다면 구글을 통해 일어나고 있는 변화가 얼마나 엄청난 것인지 이해하지 못할 것이다.

사람들은 '엄청난 변화'의 예로 도요타 자동차를 거론하면 쉽게 이해한다. 자동차라는 손에 잡히는 제품이 있고, 판매 경로와 애프터서비스 담당자들의 얼굴이 보이기 때문이다. 공장에서 자동차가 만들어지는 과정을 머릿속으로 그릴 수도 있다. 따라서 '도요타의 비밀'에 관한 책을 읽거나 얘기를 들으면 도요타가 얼마나 엄청난지 충분히 이해하며 그 회사에서 무엇을 배워야 할지도 금방 이해한다.

하지만 구글이 몰고 올 '엄청난 변화'는 잘 이해하지 못한다. 사실 '정보 자체에 관한 혁명적 변화'는 도요타 자동차의 변화와는 전혀 다른 것이다. 아마존이나 라쿠텐(樂天) 같은 인터넷 거래는 그래도 어느 정도 이해한다. 이용하는 목적이 분명하고, 아마존 등을 통해 책을 주문하면 손에 잡히는 물건이 배달되기 때문이다. 즉, 손에 잡히는 현실 세계(= 책)가 존재하는 것이다.

하지만 '저쪽 편'에 구축되고 있는 '정보발전소'의 경우는 컴퓨터라는 창을 통해야만, 그리고 인터넷을 통해서만 인식할 수 있다. 인터넷을 활용해 능동적으로 지적 활동을 벌일 때에만 반응을 얻게 되며, 그때서야 비로소 저쪽의 일단을 엿볼 수 있다. 다시 말해서 '경험'을 통해서만 저쪽 편에 구축된 세상을 상상할 수 있다.

'인터넷 세상에 산다'는 것은 인터넷에 푹 빠진 채 인터넷에 의존하며 생활하는 것이다. 그런 생활을 하지 않는 한 저쪽의 본질을 이해하지 못한다. 그렇기 때문에 '인터넷 세상에 사는 사람'과 '인터넷을 사용해 본 적도 없는 사람' 사이에는 큰 틈이 벌어지게 된다.

필자는 2~3개월에 한 번꼴로 일본을 방문해 기업 간부들과 IT 최첨단 동향에 대한 대화를 나눈다. 그런 만남이 10년째 계속됐는데 2003년쯤부터 변화가 감지되기 시작했다. 당시는 실리콘밸리가 인터넷 버블 붕괴로부터 재기하는 데 성공했고, 구글이 부활의 상징으로 각광받기 시작하던 때였다.

그 무렵부터 극히 일부를 제외하곤 필자의 문제 제기에 대해 시큰둥한 반응만 돌아오기 시작했다. '인터넷 세계에 살지 않는' 사람들에게 최첨단을 설명하는 것이 갈수록 힘들어졌다. 대화를 거듭해도 진척이 없었고, 그것이 결실로 연결될 것이라는 희망은 더더욱 갖기 힘들었다. 격화소양(隔靴搔癢), 즉 신발을 신은 채 발을 긁는다는 식으로 이야기는 겉돌기만 했다.

분리된 두 세계

 최근 한 일본 기업에서 강연을 한 적이 있다. 경영자 및 자문위원들이 참석한 자리에서였다. 필자는 만반의 준비를 하고 강연에 임했다. 그러나 안타깝게도 모두들 필자의 강연을 이해하지 못했다. 필자의 얼굴에 낙담의 빛이 역력했던 듯, 회의가 끝난 뒤 그 회사 고문이자 인생의 대선배 한 사람이 이렇게 말해 줬다.

 "당신 얘기는 재미있었어. 나도 이 나이(60대 중반)가 되기까지 여러 가지 새로운 것들을 만났고 그때마다 그 새로움을 흡수해 왔지. 하지만 오늘 자네가 한 얘기, 특히 구글의 본질에 관한 얘기는 이해가 잘 안 돼. 특히 인터넷을 이용하지 않는 우리 같은 사람은 절대로 이해를 못해요. 사실 나도 말이지, 이해하는 척은 했지만 자네가 말하는 세상이 전혀 머릿속에 그려지질 않아. 얼마나 큰 의미가 있을지 실감할 수가 없네. 나는 지금부터 경영자들을 만나기 위해 전국 순회 여행에 나서는데 아마 인터넷을 사용하는 사람은 단 한 명도 만나지 못할 거야. 하하하!"

 이에 반해 '인터넷 세상에 살고 있는' 젊은이들 사이에서는 필자조차 좇아가기 벅찰 정도로 숨가쁜 변화의 나날이 계속되고 있다. 인터넷에서는 정보 복제에 돈이 들지 않으며 정보가 순식간에 전파되기 때문에 시차가 존재하지 않는다. 현실 세계와는 전혀 다른 법칙이 지배하고 있어서 변화의 속도, 또는 가속도가 상상을 크게 뛰어넘는다. 그리고 그런 세계의 중심에 구글이 있다.

 앞에서 이런 설명을 했었다.

"지금부터 시작될 '엄청난 변화'는 기술 혁신을 통해 오랜 시간에 걸쳐 서서히 일어나는 것이다. 급속하고 단편적인 변화가 아닌, 본질적인 변화이기 때문에 속도는 빠르지 않지만 사회를 근본적으로 바꿔나갈 것이다."

물론 인터넷 세계를 무시한 채 기존의 삶의 방식을 그대로 유지하며 살아갈 수도 있다. 그리고 그런 삶을 사는 사람이 소수가 되는 시기가 그리 쉽게, 빨리 찾아오지도 않을 것이다.

서서히, 하지만 확실히 변해가는 사회는 두 가지 상반된 가치관이 융합돼 새로운 뭔가가 창조되는 세계일까, 아니면 세상은 서로를 이해 못하는 별개의 두 세계로 양분될까. 이 책을 다 읽은 뒤에 이 문제를 다시 한 번 생각해 보시기 바란다.

1

'혁명'의 진정한 의미

Wikis
Web2.0
The Long Tail
RSS
OpenAPIs
Recommendation
Social Software
DataDriven
Microformats
Audio
Convergence
Video
Mobility

오픈소스와 3대 조류

필자는 1994년에 실리콘밸리로 건너갔다. 11년간의 실리콘밸리 생활 중 가장 신기했던 현상이 '오픈소스'다.

오픈소스란 소프트웨어의 소스코드(컴퓨터 프로그램을 기계언어가 아닌 사람이 이해할 수 있는 언어로 기록해 놓은 것)를 인터넷에 무상으로 공개하는 것이다. 그렇게 되면 세계의 수많은 개발자들이 자발적으로 그 소프트웨어 개발에 참여해 공동으로 작업을 벌이게 된다. 이렇게 대규모 소프트웨어 개발이 지구 차원의 동참을 통해 이루어지는 방식이 바로 오픈소스인데, 여기에서는 소프트웨어 개발 과정이 모두 공개되고, 마치 극장과도 같은 공개적 공간에서 연쇄적으로 혁신이 일어난다.

바로 '리눅스'가 그와 같이 기존 상식을 뒤엎는 방식으로 개발되어 큰 성공을 거두었다. '핵심 소프트웨어는 기업 내의 폐쇄된 환경에서 엄정한 프로젝트 관리하에 개발되는 것'이라는 상식을 완전히 뒤엎은 사건이었다.

오픈소스의 본질은 '훌륭한 지적 자산의 씨앗이 인터넷에 무상으로 공개되면 세계의 지적 자원들(=소프트웨어 개발자)이 그 씨앗의 주변에 자발적으로 연결되는 것'이다. 그리고 '의욕이 충만한 우수한 인재들이 자발적으로 연결되고 정보가 공유된다면, 사령탑에 해당하는 중앙의 리더십이 없어도 과제가 속속 해결되어 간다'는 것이다. 그 과제가 어떤 것이건 해결된다.

현대의 '가장 복잡한 구축물' 중 하나라는 대규모 소프트웨어가 이런 신기한 원리 속에 완성되면서 인터넷의 위대한 가능성이 증명되었다. 이것은 인터넷 세대에게 큰 자신감을 준 동시에 완전히 새로운 행동 원리를 갖게 해주었다.

이제 전세계적으로 오픈소스에 참여해 소프트웨어 공동 개발 작업에 매진하는 인구는 200만 명을 넘어섰다. 최첨단 소프트웨어 개발에 참여하는 세계 차원의 거대한 개발 조직이 규모와 영역을 확대해 가며 나날이 진화를 계속하고 있다.

서장에서 '인터넷'과 '치프(cheap)혁명'이라는 두 가지 현상이 어떤 의미를 갖는지 설명한 바 있다. 이들과 더불어 오픈소스는 '앞으로의 10년'을 좌우할 '3대 조류(潮流)'가 될 것이다. 그리고 3대 조류는 서로 상승효과를 일으키면서 '앞으로의 10년'을 크게 변화시킬 것이다.

이와 같은 설명에 대해 "3대 조류는 정보의 무료 제공 혹은 비용 절감이라는 효과만 낳을 뿐이지 돈벌이는 안 된다"고 반발하는 독자도 많을 것이다. 이것은 일본 대기업 간부들의 전형적인 반응이기도 하다. 맞는 말이다. 3대 조류는 기존의 사고방식으로 운영되는 사업이나 조직에 대해서는 파괴적인 영향을 미치는 경향이 있다. 따라서 몸에 익숙한 기존 업무 방식을 바꾸지 않는다면 시간이 흐를수록 조금씩 고통스러워질 것이다.

반면에 3대 조류에 올라탄다면 어떻게 될까. 물길이 흘러가는 곳을 정확히 예측할 수는 없지만, 흐름에 몸을 맡긴다면, 즉 '지적 모험'에 나선다면 분명 흥미로운 여행을 즐기게 될 것이다.

'앞으로의 10년'을 바꿀 '힘의 싹'

필자가 실리콘밸리와 미국의 IT산업에 매력을 느끼는 이유가 있다. '앞으로의 10년'을 변혁시키는 '힘의 싹'을 실현한 회사들이 무(無)에서 태어나 거대한 존재로 성장해 가는 과정을 목격했기 때문이다. 인텔, 마이크로소프트, 애플, 시스코, 아마존, 야후, 구글……. 모두들 무에서 시작했다. 그렇지만 '앞으로의 10년'을 바꿀 거대한 힘의 싹을 내포하고 있었기 때문에, 그리고 다양한 행운을 만난 덕에 이처럼 거대한 존재로 성장했다.

하지만 초기의 '힘의 싹'은 평범한 사람들의 눈에는 보이지 않을 정도로 미미했다. 그런 것에 흥분하는 사람들은 세상의 모든 일에 흥분하는 사람이거나, 정체를 알 수 없는 도사(道士) 정도로 비쳤다.

필자는 힘의 싹이 그 파괴력 때문에 기피의 대상이 되고 그것을 갖지 못한 자에 대해서는 엄청난 무기가 될 수 있을 때 착실히 성장할 것이라고 생각한다. 이것이 '힘의 싹'에 대한 필자 나름의 판단 기준이다.

실리콘밸리에서는 끊임없이 새로운 힘의 싹이 생겨난다. 실리콘밸리 생활을 시작한 지 얼마 안 되었을 때 한 가지 흥미로운 사실을 발견했다. 구세대의 원리원칙으로 움직이는 업종은 잃는 것이 커질수록 새로운 힘의 싹을 과소평가하거나 부정한다는 점이다.

그 같은 사실을 발견한 뒤로는, 대기업에 계속 근무하다가는 진정한 실리콘밸리의 주민이 될 수 없으며 실리콘밸리의 묘미를 실감할 수도 없게 될 것이라는 확신을 갖게 되었다. 그래서 회사에 사표를

냈다.

리눅스가 성공을 거둔 요즘에 와서는 오픈소스가 산업계의 인정을 받고 있지만, 리눅스의 발흥기이던 1998년 당시만 해도 오픈소스는 '과격한 소수 의견'에 불과했다. 20세기 말에 널리 사용되던 소프트웨어는 모두 기업의 폐쇄된 환경 속에서 개발된 것뿐이었다. 기업의 프로젝트 리더가 우수한 프로그래머를 지휘하며 비밀리에 제품을 만들었고, 그런 방식으로 개발된 소프트웨어 소스코드는 '기업의 지적 재산권' 그 자체이자 최고 기밀이었다. 그것이 당시의 상식이었다.

'위험한 소수 의견'에서 '시대의 상식'으로

기존의 소프트웨어 개발 상식에 정면으로 도전한 '과격한 소수 의견'이 바로 오픈소스였다. 오픈소스는 소프트웨어의 핵심 내용을 인터넷에 공개하면 세계의 프로그래머들이 달려들어 새로운 기능을 개발하고 성능을 향상시키며 버그를 수정하고 완성도를 높여가는 방식이다. 그러한 개발 과정이 모두 공개된다. 그들은 누구의 강요도 없이, 단돈 1원도 받지 않으면서 단지 '좋아서', '즐겁기 때문에' 훌륭한 프로그램 개발에 참여하는 것이다. 오픈소스 신봉자들은 그런 소프트웨어 개발 방식이 기업의 폐쇄된 환경보다 훨씬 훌륭한 소프트를 만들어낼 것이라고 말했다.

1998년이 어떤 시대였는지를 잠시만 되돌아봐도 당시의 오픈소스 신봉자들이 얼마나 황당한 사람들인지 알 수 있을 것이다. 1995년부터 97년까지 치열하게 벌어졌던 브라우저 전쟁에서는 마이크로소프트가 물량 공세를 펼치며 선발 주자 넷스케이프를 맹렬히 추격하는 양상이 전개되었다. 마이크로소프트는 빌 게이츠의 진두지휘 아래 브라우저 개발을 최우선 과제로 삼고 프로그래머를 대거 투입해 익스플로러를 개발해 냈다. 넷스케이프 역시 전쟁에서 승리하기 위해 서둘러 주식을 공개해 자금을 마련하고 프로그래머 수를 늘렸다. 그러나 결과는 마이크로소프트의 승리였고, 넷스케이프는 1997년 말 위기에 봉착했다.

당시 대부분의 소프트웨어 기업들은 "같은 무대에서 같은 방식으로 경쟁할 경우 마이크로소프트를 이길 수 없다. 경쟁하기보다는 마이크로소프트에 흡수되는 것이 현명한 길이다"라고 생각했다. 그런 분위기가 실리콘밸리에 충만했던 1998년에 오픈소스가 대두되기 시작한 것이다. 그리고 그로부터 7년여의 세월이 지난 뒤, 오픈소스는 '위험한 소수 의견'에서 '시대의 상식'이 되었다.

오픈소스는 기존의 소프트웨어 개발 상식으로 볼 때는 절대로 불가능한 방식이다. 즉 스펙(Spec. 기계 등의 구조와 성능을 표시한 것 – 옮긴이)도 없고, 제품 계획이나 제품 전략도 없으며, 개발 공정 관리나 판매 계획도 없다. 그럼에도 인터넷상에서 이뤄지는 대규모 개발 프로젝트인 오픈소스가 현대에서 가장 복잡한 구축물을 만들어내고 나날이 진화한다는 사실이 확인되고 인정받게 되었다.

1970년대 후반부터 80년대 초반까지는 다음과 같은 주장이 세상의 상식이었다.

"컴퓨터 따위의 장난감은 절대로 정보 시스템의 도구가 될 수 없다."

1990년대 전반기엔 이런 것이 상식이었다.

"인터넷은 중앙 관리 기능도 없고 제멋대로다. 그런 네트워크가 정보의 슈퍼하이웨이로 성공할 리 없다."

그러나 나날이 혁신을 거듭하는 기술은 기업가의 에너지와 결합해 컴퓨터와 인터넷을 거대 산업으로 탄생시켰다. 그리고 세상을 바꿨다. 그런 일이 지금 오픈소스를 둘러싸고 벌어지고 있다.

인터넷 세계의 3대 법칙

'인터넷', '치프(cheap)혁명', '오픈소스'.

이들 3대 조류가 서로 상승효과를 일으키고 그 여파가 일정 역치(閾値. 반응을 일으키는 데 필요한 최소 강도 - 옮긴이)를 넘어서면서, 현실 세계에서는 절대 불가능할 것으로 여겨졌던 3대 법칙이 생겨났다. 이 3대 법칙이 만들어낸 새로운 규칙에 의해 인터넷 세계는 발전하기 시작했다. 3대 법칙은 다음과 같다.

제1법칙 : 신(神)의 시점에서 세계를 이해한다
제2법칙 : 인터넷상에 만든 인간의 분신이 돈을 벌어주는 새로운 경제권의 탄생
제3법칙 : (≒무한대) × (≒無) = Something(의미 있는 존재), 또는 사라졌어야 할 가치의 집적

제1법칙에서 신의 시점이란 '위에서 전체를 내려다보는 시점'을 말한다.

인터넷 세계의 3대 조류와 3대 법칙

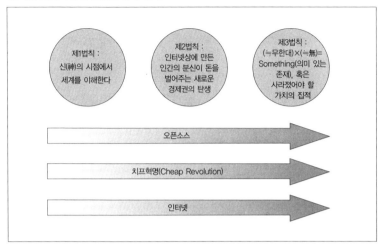

제1법칙 :
신(神)의 시점에서
세계를 이해한다

제2법칙 :
인터넷상에 만든
인간의 분신이 돈을
벌어주는 새로운
경제권의 탄생

제3법칙 :
(≒무한대)×(≒無)=
Something(의미 있는
존재), 혹은
사라졌어야 할
가치의 집적

오픈소스

치프혁명(Cheap Revolution)

인터넷

인터넷 사업자와 고객의 관계를 예로 들어보자. 인터넷 사업자란 고객에게 특정 서비스를 제공하는 사람이다. 야후는 미디어적인 정보 서비스를, 라쿠텐(樂天)은 상품 매매 및 금융 서비스를 제공한다. 이것이 일반 사람들이 인터넷 사업자에 대해 갖는 상식이다.

그러나 사실 인터넷 사업자는 그 이상의 존재다. 거의 불특정 다수 무한대라고 해도 좋을 규모인 100만 명 혹은 1천만 명 단위의 고객이 '인터넷 서비스를 이용해 무엇을 하고 있는지', 즉 누가 얼마 가량을 샀는지, 누가 어떤 기사를 읽었는지 등의 정보를 자동적으로 수집할 수 있다. 정보 수집 비용 및 정보 보존 비용은 끝없이 '제로'에 근접해 가고 있다. 방대한 정보를 처리하는 비용도 낮아져 정보를 손쉽게 수집하고 보존할 수 있게 되었다. 그 결과 '위에서 전체를 내려다보는 시점'으로 고객의 세계를 분석하고, 전체적으로 무슨 일이 일어나고 있는지 파악할 수 있게 되었다.

다른 예를 들어보자.

검색 엔진이란 사용자가 검색어를 입력하면 그에 해당하는 정보가 표시되는 서비스다. 이것이 일반인이 검색 엔진에 대해 갖고 있는 상식이다. 일반인은, 그러나, 검색 엔진 운영자가 전세계 웹사이트에서 어떤 질문과 답변이 오가는지 위에서 내려다보고 있다는 사실을 잘 모른다. 검색 엔진 운영자는 세계의 불특정 다수 무한대 사람들이 지금 무엇을 알고 싶어하는지를 내려다보고 있는 것이다. 이렇게 방대한 양의 정보가 전체로서 어떤 통일성을 갖고, 어떻게 움직이고 있는지를 자세히 파악하는 것이 '신의 시점에서의 세계 이해'이다.

"인터넷상에 만든 인간의 분신이 돈을 벌어주는 새로운 경제권의 탄생"이라는 내용의 제2법칙은 '인터넷 경제권'에서 사람들이 생계를 꾸려나갈 수 있게 되었음을 의미한다. 인터넷에 자신의 분신(=웹사이트)을 만들어두면, 자신은 일을 하든 놀든 간에 자신의 분신이 인터넷에서 돈을 벌어주는 세계, 그런 삶의 방식이 가능해진 것이다.

그런 삶을 살기 위해서는 인터넷상에서 발휘할 수 있는 재능과 행동력만 있으면 된다. 현실 사회에 의존하지 않아도, 인터넷상에 창조된 충분히 큰 경제권을 활용하여 생활할 가능성이 확대되고 있는 것이다.

꿈같은 얘기로 들릴지 모르지만, 앞으로 인터넷상의 분신이 '맞벌이 부부(=더블 인컴)'를 누르고 주류가 될 날이 멀지 않았다. 즉 "현실 사회에서 맞벌이하는 것은 당연한 일이고, 부부 각자의 분신이 인터넷에서 돈을 버는 쿼드러플(quadruple. 4배의) 인컴이 가계 수입의 일반적인 형태"가 되는 시대가 찾아올지도 모른다. 인터넷상의 가상 경제권은 인터넷을 실제로 경험하지 못한 사람들에게는 실감하기 어려운 세계다(제2장, 제3장에서 상술).

제3법칙은 (≒무한대) × (≒無) = Something(의미 있는 존재), 또는 사라졌어야 할 가치의 집적이다. 다소 복잡해 보인다. 이 제3의 법칙은 서문에서 소개했던 '무한대의 사람에게 매우 짧은 시간을 구걸하는 것'과 마찬가지다. 즉, 1억 명에게서 약 3초씩 시간을 얻어내면 1만 명이 하루 풀타임으로 일하는 것과 동등한 가치를 창출한다는 사고방식이다. 돈이라면 1원 이하, 시간이라면 몇 초 등 사람들이 전혀 신경도 쓰지 않을 정도의 그저 사라져버리는 하찮은 가치를 '불특정 다수 무한대' 만큼 끌어모은다는 것이다. 만약 그러한 하찮은 가치를 자동으로 모을 수 있고, 더구나 모으는 데 드는 비용이 '거의 제로'라면 'Something'이 탄생한다. 이는 엄청난 사건이다.

이들 3대 법칙은 인터넷 세계에서만 성립한다. 아직 실감할 수는 없겠지만 이 책을 읽어가다 보면 수긍할 수 있으리라고 본다.

지금까지 보아온 그 무엇과도 닮지 않았다

아인슈타인과 함께 20세기 최고의 물리학자로 일컬어지는, 노벨상 수상자 리처드 파인만 교수의 명저 『파인만의 물리학 강의』를 보면, 제5권 '양자역학'의 서문에서 저자는 자신이 양자역학을 어떻게 가르칠 것인지, 또 학생 입장에서는 어떤 자세로 양자역학을 배워야 하는지를 언급하고 있다.

양자역학은 물질과 빛의 성질과 현상을 원자적 규모에서 상세히 기술

(記述)하는 것이다. 크기가 매우 작아 여러분들이 일상에서 체험하는 것과는 전혀 닮지 않았다. 그것들은 파동이나 입자처럼 움직이지 않는다. 구름과도, 당구공과도, 용수철 저울과도, 그리고 여러분들이 지금까지 보아온 그 어떤 것과도 닮지 않았다.

이번 장에서는 그 불가사의한 성질의 기본적 요소들 가운데 가장 기묘한 점을 잡아내 정면에서 공격하기로 한다. 고전적 방법으로 설명하는 것이 불가능한, 절대로 불가능한 현상을 골라 조사하자는 것이다. 그렇게 함으로써 양자역학의 핵심으로 다가가자는 것이다. 이는 미스터리 그 자체다. 왜 그런 방식으로 접근하는 것이 좋은지는 설명할 수 없다. 다만 그렇게 접근하는 것이 양자역학을 이해하는 최선의 길임을 알 수 있을 뿐이다.

파인만은 뉴턴역학에 젖어 있는 학생들에게, 양자역학에서 다루는 대상(원자적 규모의 현상)은 "지금까지 보아온 그 어떤 것과도 닮지 않았다"고 강조했다. 뉴턴역학의 논리로는 이해할 수 없으며 현상 전체를 새롭게 이해해야 한다고 강조한다.

뉴턴역학의 세계에서 양자역학을 보는 것과 마찬가지로, 현실 세계에서 보는 인터넷 세상은 불가사의와 기묘함, 그리고 미스터리 그 자체다. 이질성과 불가사의를 있는 그대로 받아들이는 것 외에 인터넷 세계를 이해할 수 있는 방법은 없다. 그리고 '지금까지 보아온 그 어떤 것과도 닮지 않은' 인터넷 세계의 핵심이 바로 3대 법칙에 집약돼 있다.

실리콘밸리 장로들의 지혜

새로 태어나는 기술이 사회에 큰 충격을 미칠 경우, 초기에는 기대감이 엄청나게 부풀어난다. 그러나 산업과 사회가 그 기술의 진정한 의미를 파악하려면 적어도 10년 이상의 시행착오 기간을 거치게 마련이다. 그 과정에서 과다한 기대와, 그 기대에 쉽게 부응할 수 없는 현실 사이에 갭이 생겨난다. 그러면서 신기술에 대한 버블이 생성됐다가 꺼져버린다.

2000년 봄에 인터넷 버블이 붕괴되자, 실리콘밸리는 2001년에서 2003년까지 고통스러운 조정기를 겪어야 했다. 필자는 2003년 말이 되어서야 자신 있게 이렇게 말할 수 있게 되었다.

"실리콘밸리는 반드시 부활한다."

인터넷 버블이 붕괴됐을 때, 그때까지 실리콘밸리를 잉태하고 키워온 장로들은 당황해하는 젊은 세대에게는 눈길조차 주지 않은 채 "역사는 반복된다"며 태연자약했다. 필자는 2003년 말이 되어서야 장로들의 예언이 들어맞았음을 깨달았다.

1970년대에서 80년대 전반에 걸쳐 형성된 컴퓨터 버블은 1983년 붕괴됐다. 실리콘밸리의 장로들은 그 세세한 과정을 절절히 체험했고, 기억하고 있었다. '버블 컴퓨터 업체'들의 주식 공개가 잇따른 직후 돌연 주가가 절반 이하로 폭락한 것이 1983년이다. 신흥 세력이 살아남기 위해 안간힘을 쓰는 가운데 '구세력의 거인' IBM은 종업원이 40만 명을 넘어서는 등 전성시대를 구가했다. 그것이 주가 폭락 1년 만인 1984년이다. IBM이 적자를 기록함으로써 구세력이 무너진 해로 기록된 1991년까지는 7년이라는 세월을 기다려야 했다.

혹독한 조정기를 견뎌내고 강인한 체력을 갖추게 된 신흥 세력이 다시 주식 공개에 나서기 시작한 것이 1986년. 그해 3월 4일 선 마이크로시스템스(워크스테이션), 3월 12일 오라클(데이터베이스), 3월 13일 마이크로소프트(기본 소프트), 4월 4일 EMC(설루션), 5월 29일 사이프레스(반도체), 8월 13일 어도비(화상 처리 소프트), 9월 24일 인포믹스(데이터베이스), 10월 8일 칩스 앤드 테크놀로지(반도체), 10월 29일 실리콘 그래픽스(화상 처리 워크스테이션) 등이 주식을 공개했다.

이들 기업은 주식을 공개한 이후 15년 이상 투자자들에게 연평균 20퍼센트 이상의 이익을 안겨줬다. 이 우량기업들이 풍작을 기록한 해는 '빈티지 이어(Vintage Year. 작황이 좋았던 해-옮긴이)' 또는 '더 클래스 오브 1986(The class of 1986. 86년도 동창생)'이란 호칭으로 불리며 21세기 초인 지금도 화제가 되고 있다.

장로들 눈에는, 규모는 조금 다르지만, 1983년 여름의 컴퓨터 버블 붕괴와 2000년 봄의 인터넷 버블 붕괴의 본질이 같은 것으로 비쳤던 것이다. 그리고 장로들은 "역사는 반드시 반복된다"고 확신하고 있었다.

'더 클래스 오브 1986'의 본질은 '수직 통합에서 수평 분업으로의 지각 변동'이다. 그 본질을 상징하는 기업이 인텔이며 마이크로소프트이자 오라클이었다. 3대 조류, 3대 법칙이 일으킨 지각 변동의 핵심은 IT와 인터넷의 가격 대비 성능이 임계점을 넘어섬으로써, 과거 상상조차 할 수 없었던 사업이 가능해졌다는 것이다. 그런 시대가 찾아왔음을 상징하는 기업이 바로 구글이다.

브라이언 아서의 기술혁명사관

샌타페이 연구소의 브라이언 아서(Brian Arthur. 복잡계 경제학의 선구자)는 2004년 11월, 레그 메이슨 펀드 매니지먼트 주최의 강연회에서 "경제는 어디로 향하고 있는가"라는 주제로 연설을 했다. 여기서 그는 정보혁명을 5대 혁명 중 하나라고 분석했다.

첫번째 혁명은 영국에서 일어난 산업혁명.

시기는 다소 애매하지만 1780년부터 1830년까지이며, 방적기계 분야에서 주로 수력에 의한 공장 시스템 구축을 그 내용으로 한다.

두번째 혁명 역시 영국에서 일어난 철도혁명.

1830년부터 1880년까지로 증기 동력 시대를 탄생시켰다.

제3의 혁명은 독일의 전동기와 철강에 의한 중공업 혁명이며, 제4의 혁명은 미국이 선구자가 된 제조업(매뉴팩처링) 혁명으로, 1913년 (T형 포드차 대량 생산 개시)부터 1970년대까지 진행된 이 혁명에서는 대량 생산과 자동차 산업, 그리고 석유 시대를 열었다.

그리고 다섯번째가 바로 1960년대에 미국에서 시작된 정보혁명이다.

ARPANET(미 국방부 고등 연구 계획국 ARPA가 도입한, 인터넷의 원형이 된 컴퓨터 및 네트워크) 구상은 1969년 등장했다. 그리고 최초의 인텔 칩이 개발된 것이 1971년. 이 혁명은 지금도 계속되고 있다.

아서는 이들 혁명적 변화의 공통점은 초기 단계에서 상당한 규모의 터뷸런스(Turbulence. 난기류, 혼란, 사회 불안)가 발생하는 것이라고 지적했다. 터뷸런스의 다음 단계는 언론이 대서특필하는 미디어 어텐션(Media Attention)이며 이 단계에서 과잉 투자가 발생하고 버블 붕괴로 돌진해 간다. 철도혁명의 경우 언론이 대서특필한 것이 1836년, 버블 붕괴는 1847년에 찾아왔다고 한다. 버블이 붕괴되면 사람들은 그 기술은 끝장난 것이라고 생각한다. 언론도 흥미를 잃으며, 그 기술은 매력을 발산하지 않게 된다. 사람들도 더는 화제로 삼지 않는다. 하지만 흥미롭게도 그로부터 10년, 20년, 30년이란 긴 세월에 걸쳐 '대규모의 구축 기간'이 진행된다.

철도의 경우 버블 붕괴 후인 1860년부터 1900년까지 노선이 3만 마일에서 30만 마일로 늘어났다. 이에 따라 미국 동부 경제와 서부 경제가 연결되었고, 그 결과 발생한 규모의 경제로 인해 더욱 큰 경제권이 탄생했다. 1860년 당시 세계 경제의 변경이자 오지였던 미국이, 철도가 가져다준 경제 변혁 덕분에 40년 후에는 세계 최대의 경제권으로 약진한다. 그 토대 위에 대량 생산 혁명이 열매를 맺었고 미국의 시대가 구축된 것이다.

이상이 아서의 기술혁명사관이다. 이런 역사관에 근거해 그는 강연에서 "IT도 과거 5대 혁명과 같은 궤적을 그릴 수 있을까?"라는 질문을 던졌다. 그리고 그는 스스로 답했다.

마이크로소프트 및 인텔이 등장한 시대(1970~80년대)를 터뷸런스 시대라고 한다면, 언론이 주목한 시기가 1990년대, 그리고 2000년의 버블 붕괴 이후 2000년에서 2030년까지를 대규모 구축 단계로 본다.

Ⅰ 인프라의 구축

아서의 결론을 좀더 정리해 보자.

(1) 21세기 초반의 20~30년 사이에 경제가 근본적으로 변화한다.

(2) 모든 것이 연결되어 서로 지적 교신을 시작하며, 원시적이긴 하지만 경제에 새로운 경계선이 만들어지기 시작한다.

(3) 우리들이 상상해 본 적조차 없는 완전히 새로운 산업이 탄생하고 발전한다.

(4) 21세기 최초의 20~30년 시기에 미국은 겨우겨우 선두 자리를 유지하겠지만, 기술은 세계로 확산되어 간다.

(5) 영국에서 시작되어 타국으로 전파된 최초의 두 혁명(산업혁명, 철도혁명)은 경제의 근육계를 공급했다.

(6) 정보혁명은 근육이나 에너지를 공급하지 않는다. 신경계(神經系)를 공급한다.

(7) 장기적으로 보면 정보혁명이 산업혁명보다도 근본적인 전환이다.

1990년대 당시에는 모두들, 아서가 말하는 10년, 20년 단위의 '대규모 구축 단계'가 '정보의 슈퍼하이웨이' 즉 '물리적인 IT 인프라'를 구축하는 것이라고 생각했다. 그러나 21세기 초에 들어와 분명해진 것은 '대규모의 구축 단계'에서 만들 수 있는 것은 IT 인프라가 아니라 I(정보) 인프라였고, I 인프라에 의해 '정보 그 자체에 관한 혁명적 변화'가 일어나려 한다는 점이다. I 인프라의 본질은 인터넷의 '저쪽 편'에서 만들어지는 '정보발전소'와 같은 설비다. 그런 사실을 가장 먼저 간파함으로써 창업 7년 만에 획기적인 성공을 거두고 산업계의 맹주 자리에 오른 것이 구글이라는 회사다.

구글Google,
지식 세계를 재편하다

2

1 구글이 실현하는 민주주의

'구글은 실리콘밸리 역사의 정점을 정복한 터무니없는, 그러나 엄청난 회사다.'

필자가 이렇게 확신한 것이 2003년 초의 일이다. 인터넷 버블 붕괴로부터 6개월이 흐른 2000년 11월의 추수감사절을 경계로 실리콘밸리 사람들은 그곳을 속속 빠져나갔다. 주변 고속도로의 정체 현상이 사라졌고 주가는 계속해서 떨어졌으며 경제 전망 또한 불투명한 가운데 2001년 9·11테러가 발생했다. 그로부터 미국은 '전쟁의 시대'로 돌입했다.

당시 필자는 전쟁 앞에서는 IT도, 인터넷도, 기업가 정신도, 그 모든 것이 하찮은 존재에 불과하다고 생각했고, 매일매일을 우울하게 보냈다.

구글이라는 회사가 IT 분야를 압도하리라고 예감한 것이 바로 그 무렵이었다. 필자는 구글에서 용기와 에너지를 얻었다. 실리콘밸리의 기업가 주도형 경제 메커니즘은 1990년대 후반에 이미 철저히 분석됐고, 세계로 수출됐다. 그러나 구글처럼 완전히 새로운 개념의 기업을 만들어내고 그것을 세계 최고 기업으로 키워낸 힘이야말로 실리콘밸리의 저력이라고 다시 한 번 확신하게 되었다.

서문에서도 언급했듯이 사람들은 대부분 구글의 어떤 부분이 엄청난 것인지를 모른다. 구글은 눈에 보이는 제품이나 손으로 만질 수 있는 상품을 만들지 않는다. 인터넷 세계를 깊이 경험한 적이 없는 사람은 그 실체를 상상조차 하기 어려운 회사다. 이번 장에서는 구글의 실체를 이해하는 데 도전해 보기로 한다.

다음 순서로 구글을 분석한다.

(1) '전세계의 정보를 통째로, 완벽히 정리한다'는 구글의 엄청난 구상과, 구글이란 회사의 개성의 질에 대해.

(2) 이렇게 거대한 구상을 실현하기 위해 '정보발전소'라고 부르기에 적합한 거대 컴퓨터 시스템을 인터넷의 '저쪽 편'에 구축한 것에 대해.

(3) 거대 컴퓨터 시스템을 치프(cheap)혁명이라는, 완전히 새로운 방식으로 제작하여 압도적인 저비용 구조를 실현한 것에 대해.

(4) 검색 연동 광고 '애드워즈(Adwords)'와, 저비용 구조의 인프라를 통해 최초로 실현한 '애드센스(AdSense)' 등의 사업이 엄청난 수익을 올리고 있는 것에 대해.

더불어 '지식 세계의 질서 재편'에 '부(富)의 재분배 메커니즘'까지 포함시켜 버린 엄청난 도전에 대해.

(5) 20세기까지 그 어떤 회사도 시도한 바 없는 방식으로 사내 조직 관리에 새로운 사상을 도입해 실천하고 있는 것에 대해.

(6) 그 어떤 인터넷 기업과도 전혀 닮지 않은 것에 대해.

세계의 모든 정보를 조직화한다

구글은 자사의 사명을 '전세계의 정보를 조직화해서 그 누구라도 접근할 수 있는 유용한 것으로 만드는 일'이라고 정의한다(Google's mission is to organize the world's information and make it universally accessible and useful).

'전세계의 정보를 조직화한다'는 것은 멋진 표현이다. 하지만 조금만 생각해 봐도 얼마나 난해한 작업인지 알 수 있다. 즉, 언어로 정리된 인류 역사의 모든 지혜에서부터 지구 곳곳에서 지금도 새로 태어나고 있는 정보까지, 이 모든 정보를 완벽하고도 상세하게 정리한다는 뜻이기 때문이다. 구글은 그것을 자사의 사명이라고 제시하고 있지만 그리 쉽게 이룰 수 있는 사명은 아니다.

서문에서 필자는, 구글에서 근무하는 친구의 다음과 같은 말을 소개한 바 있다.

"만약 세계 정부라는 것이 있다면, 그리고 세계 정부에서 개발해야만 하는 시스템이 있다면……. 그런 모든 것을 구글이 만들어버리자. 그것이 구글 개발진에게 부여된 사명이다."

'전세계의 정보를 조직화한다'는 사명은 만약 세계 정부라는 것이 있다면 당연히 추구해야 할 사항이다.

구글은 세계 정부가 아니면서도 이를 실현하기 위한 조치를 취하고 있다. 2005년 6월에 시작된 '구글 어스(Google Earth)' 서비스를 경험한 사람들은 그 구상이 얼마나 무시무시한 것인지 실감하게 되었다.

구글에서 무료로 다운로드 받을 수 있는 소프트웨어와 서비스를 이용해 전세계 위성 사진을 공짜로 볼 수 있는 것이 구글 어스다. 입체 지형 사진뿐만 아니라, 대도시의 경우 건물에 대한 정보를 포함한 선명한 3차원 사진까지를 집에 있는 우리의 컴퓨터로 모조리 볼 수 있게 된 것이다. 사진을 확대할 수도, 사진의 고도를 조종할 수도 있다. 도쿄 전체를 조감할 수도, 롯폰기(六本木)힐스 부근이나 롯폰기 7번지에 있는 미군 헬기장을 자세히 살펴볼 수도 있다.

실리콘밸리에 있는 필자의 집을 구글 어스로 찾아보면 현관의 나무나 정원의 잔디 상태까지 볼 수 있다. 언젠가 친구 집을 방문하기 전에 그의 주소를 구글 어스에 입력하자, 친구 집의 수영장이 선명히 나타났다. 친구에게 그 얘기를 해주자 "수영장이 무슨 색이었냐"고 물었다. "여느 수영장과 같은 물색이었다"고 하자 "그러면 6개월 이내에 촬영된 사진이네"라고 친구는 감탄했다. 그 전에는 수영장에 화려한 색상의 덮개를 씌워놨었다는 것이다.

전세계 국가들이 구글 어스에 충격을 받고 당혹감 속에 구글을 주시하기 시작한 이유를 알 수 있을 것이다.

사람들은 구글 어스에 경탄을 금치 못하지만, 구글은 그 정도론 만족하지 못한다. 맛보기로 선을 보인 것에 불과할 뿐이다. 구글의 목표는 신속성과 해상도를 더욱 높여 지구 전체에서 무슨 일이 일어나고 있는지를 파악하게 해주는 시스템을 구축하는 것이다. 그리고 이를 가능케 한 것이 치프혁명이다.

세계의 모든 정보를 조직화하기 위해서는 언어의 장벽을 뛰어넘는 기술을 개발해야 한다. 구글의 비전에는 '언어를 의식할 필요 없이 인터넷을 이용할 수 있게 한다'는 목표가 명시돼 있다. 이에 따라 구글은 자동 번역을 최우선 개발 과제로 잡고 인공지능 분야 및 자동 번역 기술 분야의 전문가를 다수 채용해 연구 개발에 매진하고 있다.

웹 민주주의

2002년 중반, 한 젊은 친구가 내게 이런 말을 한 적이 있다.

"구글 직원들의 말투에는 한 가지 특징이 있지. 인터넷을 의인화한다는 것이야. 그들은 '인터넷 스스로가 이러저러한 존재가 되고 싶다는 의지를 갖고 있고, 그런 희망사항을 인터넷 자신이 직접 얘기한다'는 식으로 표현하곤 해. 자신들은 그런 인터넷의 의지에 이끌려 기술 개발을 하고 있다는 식이지. 그들이 사용하는 단어에서 그런 분위기가 느껴져. 그리고 인터넷이 갖고 있는 꿈을 실현시켜 준다는 것에 자부심을 갖고 있지."

'새로운 괴물' 구글의 특이함에 대해 많은 생각을 해왔던 필자에게 이 말은 진실로 들렸다. 구글 창업자나 창립 초기에 참여한 기술자들을 '천재 집단'이라는 흔하디흔한 표현으로 부르지는 않겠다. 실리콘밸리의 초일류 벤처 기업은 그 어느 시대건 탁월한 친구들이 모여 창업한 것이기 때문이다. 문제는 그룹의 개성이다.

이 회사의 웹사이트를 보자.

구글은 인터넷을 새롭게 정의했다. 구글을 완전히 이해하기 위해서는 이 회사가 어떤 식으로 인터넷을 새롭게 정의했는가를 이해해야 한다(To fully understand Google, it's helpful to understand all the ways in which the company has helped to redefine how individuals, businesses and technologists view the Internet).

이 같은 내용의 도입부에 이어 'Ten things Google has found to be true(구글이 진실이라고 보는 10가지)' 라는 내용이 있다(http://www. google.com/corporate/today.html).

기업이 자사에 대해 언급한 문장으로는 매우 독특하다. 그 10개 항목 중에 'Democracy on the web works(웹상의 민주주의는 기능한다)' 라는 항목이 있다.

'구글은 검색 엔진 회사' 라는 것이 일반인들의 생각이지만, 실제 구글이 하고 있는 일은 지식 세계의 질서를 재편하는 것이다.

세계 모든 언어의 모든 조합을 통해 '가장 적합한 정보' 를 제공하는 것, 그것이 구글이 추구하는 검색 엔진의 기능이다. 이를 위해서는 시시각각 새로워지는 전세계 웹사이트의 정보를 자동으로 읽어내고 끊임없이 해석해야 한다. 이를 실현하기 위해서 30만 대에 달하는 구글의 컴퓨터가 365일 24시간 체제로 움직이고 있다.

전세계 모든 언어의 모든 조합을 통한 가장 적합한 정보는 어떤 기준으로 정하는 것일까?

유사한 내용이 검색됐을 때 순위는 어떻게 결정하는 것일까?

구글이 취하고 있는 방식은 '웹 민주주의' 다.

구글은 권위 있는 학자의 학설을 중시하거나, 유명 신문사나 출판사의 인정을 받은 글을 높게 평가하는 기존 방식을 모두 배제한다. 구글의 평가 기준은 단 한 가지다.

전세계에 산재한, 그리고 매일매일 늘어나는 무수한 웹사이트가 특정 지식을 어떻게 평가하는가.

이것이 구글의 웹 민주주의 기준이다. 이 기준으로 구글은 모든 지식을 재편하려 한다. 서로 연결된 웹사이트 간에 오가는 정보를 분석해서 페이지 순위를 결정한다. 오로지 '링크'라는 민의(民意)에만 의존해 지식을 재편하기 때문에 민주주의인 것이다. 이러한 민주주의 역시 '인터넷의 의지'라고 구글은 믿는다.

현대사회와 IT의 관계에 대해서는 두 가지 대립된 시각이 있었다. 현재 우리가 살고 있는 사회의 조직들은 IT가 존재하지 않았던 시기에 생겨난 것이다. 그런 전제 아래 "IT는 기존 사회의 틀 속에서 도구로 사용되어야 한다"는 시점이 있다. 이와 대립되는 시각이 "IT의 진보에 의해 비로소 가능해진 새로운 구조를 긍정적으로 수용하고, 인간이 그런 구조에 적응해야 한다"는 시점이다. IT가 성숙하지 않았던 시대에는 이런 대립이 심각하지 않았다. 기존 사회가 IT를 충분히 통제할 수 있었기 때문이다.

제1장에서 언급한 3대 법칙을 실현한 구글이란 회사는 이 두 가지 대립에서 후자의 시각으로 세계를 바라본다. 후자의 시점에서 세계를 고쳐나가려 한다. '인터넷의 의지'를 실현하겠다는 욕구, 다시 말해 '인터넷 신(神)에 대한 신앙심'이 구글의 특성이라 할 수 있다.

2 인터넷 '저쪽 편'의 정보발전소

인터넷 '이쪽 편'과 '저쪽 편'의 차이

구글을 생각할 때 반드시 알아야 할 사항이 있다. 그것은 인터넷의 '이쪽 편'과 '저쪽 편'의 차이점이다. 기술이 발달함에 따라 인터넷의 이쪽 편에서 저쪽 편으로 권력 이동이 일어나고 있다. 기술 발달의 거대한 흐름 위에서 구글의 존재 가치를 규정할 수 있다.

인터넷의 이쪽 편이란 인터넷 이용자, 즉 우리들 한 사람 한 사람이 살고 있는 현실 세계다. 휴대전화, 카 내비게이션, 편의점의 POS(판매 시점 관리) 단말기, 고기능 ATM(현금 자동화 기기), 디지털 3종 신기(神器 = 액정TV, DVD, 디지털 카메라), 무선 IC태그……. 이 물건들이 모두 인터넷과 우리를 연결해 주는 인터페이스 부문에서 발전하고 있는 것들이다. 일본 기업들은 이런 상품을 제작하는 능력이 뛰어났고, 또한 이 상품들이 일본인의 기호와 잘 맞아떨어졌기 때문에 한때 세계 최첨단을 질주할 수 있었다.

이에 반해 인터넷의 '저쪽 편'이란 인터넷 공간에 떠 있는 거대한 정보발전소이자 가상 세계다. 정보발전소에 부가가치 창조 시스템이 만들어지면, 인터넷을 통해 균질한 서비스가 전세계에 제공된다. 구글을 비롯해서 아마존, e베이, 야후 등 미국 인터넷 기업들의 세상인 '저쪽 편'의 발전은 손으로 만질 수 있는 '이쪽 편'의 발전과는 다르다. 눈에 보이지 않는다. 그래서 저쪽 편 세상에서 무슨 일이 일어나고 있는지 파악하기가 힘들다. 미국에서는 컴퓨터 과학 분야의 정상급들이 모두 '저쪽 편'에 정보발전소를 구축하고 재능을 발휘하고 있다. 이 영역은 미국의 독무대다.

인터넷 시대 초창기인 1995년 가을, 네트워크 컴퓨터(NC)라는 아이디어가 출현했다. NC는 하드디스크가 없는 컴퓨터를 말하며 당시에는 '500달러 컴퓨터'라고 불렸다. 새로운 컴퓨터 세계에서는 인터넷의 이쪽 편(단말기)에 정보를 축적하는 기능(=하드디스크)이 필요 없게 된다는, 즉 정보는 모두 인터넷의 저쪽 편에 존재하게 된다는 것이 NC의 탄생 배경이다.

1995년의 NC 구상은 '네트워크의 속도가 빨라지면 컴퓨터의 정보 처리 속도(하드디스크의 기동 속도)와 인터넷을 통해 정보를 처리하는 속도가 거의 같아진다'는 다소 성급한 세계관에 기초하고 있었다. 하지만 당시 처리 능력은 거기에 미치지 못했고, 따라서 '이쪽 편'에 정보 축적을 할 수 없었던 NC는 써먹을 데가 없는 물건이었다. 이 아이디어는 실패로 끝났고 NC라는 단어도 망각 속으로 사라졌다. 다만, NC의 문제 제기는 본질적인 것이었다.

치프혁명은 그로부터 10년간 서서히 진행됐고, 인터넷의 속도뿐 아니라 컴퓨터의 처리 능력 또한 현저히 향상됐다. 이제 '이쪽 편'에 존재하는 정보를 '이쪽 편'에서 처리하는 것보다, 저쪽 편에 놓인 정보를 저쪽 편의 정보발전소에서 처리하는 방식이 효율적이며 합리적이란 점에 합의가 이뤄지고 있다.

모든 것을 저쪽 편에서 하고 이쪽 편의 비중을 줄인다는 사고방식은 NC가 당초에 이상으로 내걸었던 것이다. 하지만 당시는 저쪽 편 시스템에 그런 능력이 없었고, 인터넷 속도도 느렸기 때문에 탁상공

론으로 그치고 말았다. 이것이 1995년과 2005년의 차이, 즉 10년이라는 세월이 만들어낸 변화다.

앞으로 컴퓨터 사용자들이 자신의 정보를 이쪽 편이 아닌 저쪽 편에 놓는 것이 좋다고 확신한다면, 산업 전반에서 정보의 중심이 이동할 것이다. NC가 처음 구상될 당시에는 '인터넷의 고속화'에만 초점이 맞추어졌는데, 이제는 저쪽 편에 있는 정보발전소의 처리 능력 및 보안 능력을 동시에 고려하면서 정보의 중심 이동에 관한 논의가 이뤄지고 있다.

"정보를 인터넷의 이쪽 편과 저쪽 편 중 어디에 놓을 것인가, 또 정보 처리 기능을 이쪽 편과 저쪽 편 중 누가 관장할 것인가……."

어떤 선택을 하느냐에 따라 IT산업의 구조가 달라진다. 역사적으로 IT산업의 패권은 정보의 주도권을 둘러싼 전투에서 승리한 자가 차지했다. 인터넷 버블 붕괴 당시 패퇴한 것으로 보였던 저쪽 편의 가능성이 구글의 등장으로 부활한 것이다.

'물건' 이냐, '정보' 냐

이쪽 편과 저쪽 편을 생각할 때 상징적인 사건이 있다. 2004년 말, 미국 IT산업의 2대 뉴스가 그것이다. 2대 뉴스는 선명한 대비를 보여준다. 하나는 8월에 구글이 주식을 공개한 일이고, 또 하나는 12월, IBM이 중국 기업인 렌샹그룹(聯想集團)에 컴퓨터 부문을 매각한 일이다.

IBM의 컴퓨터 부문은 연간 매출이 1백억 달러가 넘지만, 렌샹그룹에는 20억 달러에도 못 미치는 액수에 팔아넘겼다. 반면 연 매출 약

30억 달러인 구글의 주식 총액은 공개 직후 약 3백억 달러에 달했다. 이 차이가 바로 권력이 인터넷의 이쪽 편에서 저쪽 편으로 이동하고 있음을 보여주는 증거다.

최근 1~2년 사이에 IT산업에 대한 미국과 일본의 관심 사항이 서로 달라지고 있는 듯하다. 일본은 이쪽 편에, 미국은 저쪽 편에 몰두하고 있기 때문이다.

참고로 일본은 "저쪽 편은 이쪽 편을 발전시키기 위한 도구" 정도로밖에 여기지 않는다.

"일본과 미국이 나름의 특성을 살려 영역을 분할하는 것도 나쁘지만은 않다"고 말하는 사람도 있다. 하지만 상황은 그리 간단하지가 않다. 이쪽 편과 저쪽 편은 어차피 부가가치를 놓고 쟁탈전을 벌여야 하기 때문이다.

인터넷과 컴퓨터가 연결되면 편리해진다. 이 편리함을 실현하는 주체가 이쪽 편의 '물건(컴퓨터)'이냐, 아니면 저쪽 편에서 인터넷을 통해 제공하는 '정보'나 '서비스'냐에 대해 대다수 소비자는 별 상관하지 않는다. 그러나 물건이냐 정보냐를 두고 기업들은 향후 피비린내나는 부가가치 쟁탈전을 벌여야 한다.

"부가가치가 차츰 저쪽 편으로 이동해 가고 이쪽 편의 '물건'은 저쪽 편의 정보를 활용하는 단순 도구가 돼버린다면, 컴퓨터를 중국에서 만들건 어디에서 만들건 상관없다. 앞으로 컴퓨터는 싼 값에 살 수 있기만 하면 된다."

이것이 바로 미국이 그리는 IT산업의 미래상이다. IBM이 컴퓨터 부문을 중국에 매각한 것 역시 그런 사고방식에 바탕을 두고 있다.

반면 일본은 "우리의 강점은 상품 제작이기 때문에, 그런 특성을 살리고 거기에 전념해야 한다. 제조 기술 외에 살 길은 없다"고 생각하고 있다. 그 때문에 더더욱 '이쪽 편'에 몰두하는 것이 일본 IT산업의 현재다.

구글의 만우절 거짓말?

2004년 3월 31일 구글은 G메일이라는 무료 이메일 서비스를 시작했다. 구글은 사용자 한 명당 1GB(기가바이트)에 달하는 메일 저장 공간을 인터넷의 저쪽 편에 무상으로 마련한다고 발표했다. 치프혁명의 끊임없는 진전으로 사람들이 무감각해져 가고는 있지만 '한 사람당 1GB'라는 당시의 발표에 산업계에는 엄청난 파장이 일었다. 그렇게 거대한 스토리지(storage, 기억 장치)를 전세계 이용자에게 무상으로 준다는 것이 가능할 것 같지 않았기 때문이다. 많은 사람들이 '하루 이른 만우절 거짓말'이라고 생각했다. 그러나 만우절 거짓말이 아님을 알았을 때, 사람들은 구글의 정보발전소가 상식적으로는 상상할 수 없을 정도의 낮은 비용으로 운영되고 있다는 사실을 깨닫게 되었다.

우리들이 인터넷의 이쪽 편(즉 컴퓨터 하드디스크 내부)에 보관하고 있는 이메일을 모두 저쪽 편으로 옮겨버리겠다는 것이 구글의 의도다. 마이크로소프트는 정보가 이쪽 편에 존재하는 한, 그 정보(예를 들어 이메일)를 처리하는 소프트(예를 들어 아웃룩) 부문에서 패권을 유지할 수 있다. 이에 대해 구글은 전세계의 정보를 조직화하기 위한 정보발전소를 저쪽 편에 만들려고 한다. 따라서 정보가 이쪽 편에서 저쪽 편으로 옮겨가게 되면 구글은 자사의 본거지에서 승부를 벌일 수 있게 된다. 정보발전소의 기능을 증강함으로써 다양하고 새로운 서비스를 자유롭게 추가할 수 있게 되기 때문이다.

검색 엔진은 구글의 최대 특기이기 때문에 G메일 사용자는 과거의 이메일 내용을 고속으로 검색할 수 있게 된다. 더 나아가 스팸메일 제거나 바이러스 퇴치 등의 기능도 모두 저쪽 편에 준비될 것이다.

스팸메일이나 바이러스는 공격측과 방어측 사이에 끊임없는 술래잡기가 벌어지는 세계다. 이쪽 편에 정보를 저장하는 방식이라면 바이러스 퇴치 프로그램을 시시각각 업그레이드해서 배포해야 하고 사용자들도 개선된 제품이 나올 때마다 이쪽 편의 소프트웨어를 업그레이드해야 한다. 한편 구글을 비롯한 저쪽 편 세력은 이렇게 말한다.

"저쪽 편의 정보발전소는 바이러스 퇴치나 스팸 제거 등을 사용자가 아닌 저쪽 편에서 해줍니다. 따라서 정보를 안전하게 전달할 수 있습니다. 물이나 전기를 공급하는 것과 똑같습니다."

이런 논리로 모든 정보의 중심을 이쪽 편에서 저쪽 편으로 옮기려는 것이다.

그렇다면 구글은 G메일을 통해 무슨 사업을 하려는 것일까.

그것은 바로 개인의 이메일 내용을 자동적으로 분석해 최적의 광고로 연결해 주는 사업이다. 개인의 이메일을 분석한다는 것은 프라이버시 침해라는 느낌을 준다. 사적인 이메일에 광고가 붙으면 위화감을 느끼고 개인적인 편지를 누가 훔쳐보고 있다는 혐오감마저 갖게 된다. 그러나 구글은 그렇게 생각하지 않는다.

"스팸메일 제거와 바이러스 퇴치를 위해 이메일의 내용을 판단 재료로 사용하는 것은 현대의 상식이다. 지금까지 그 누구도 이를 문제 삼지 않았다. 이메일에 광고를 붙이는 데에도 마찬가지 기술을 사용 한다. 작업은 모두 컴퓨터가 자동으로 한다. 그 과정에 인간이 개입할 여지가 없다. 나쁜 일을 하는 존재는 인간이지, 컴퓨터가 아니다. 우 리는 그 과정에서 인간을 철저히 배제할 것이며, 따라서 프라이버시 가 침해당할 위험은 없다."

이처럼 독특한 사고방식을 통해 구글은 프라이버시 공간인 개인의 이메일까지 광고의 대상으로 삼고 있는 것이다.

3 구글의 본질은 '진정한 컴퓨터 제조업체'

정보발전소란 무엇일까

지금까지 필자는 '인터넷 저쪽 편의 거대한 정보발전소'라는 식으로 애매한 표현을 사용해 왔다. 정보발전소는 구체적으로 무엇을 의미할까.

바로 거대한 컴퓨터 시스템이다.

구글만큼 서비스 내용이 거대하지는 않다 하더라도, 인터넷 사업을 시작하려면 인터넷 공간에 정보발전소와 같은 시스템을 만들어야 한다. 치프혁명 덕분에, 가정용 컴퓨터를 24시간 인터넷에 접속시켜 두고 거기에 서비스 공간을 만들어 두어도 간단한 서비스 정도는 제공할 수 있는 시대가 되었다. 그것이 인터넷 공간에 떠 있는 정보발전소의 초보적 형태다. 그러나 사용자가 늘어나면 트래픽(네트워크를 통해 움직이는 정보의 양 - 옮긴이)도 증가한다. 보안 문제도 신경을 써야 한다. 컴퓨터 한 대로는 대처할 수 없는 상황을 맞게 되는 것이다.

일반적으로 컴퓨터 시스템을 만들 때는 트래픽을 포함해 자신의 사업 규모를 따져본 뒤 컴퓨터 업체나 시스템 담당자에게 발주해 정보발전소 인프라를 만들게 된다. 인터넷 기업은 완성된 인프라 위에 소프트웨어를 만들어놓고 서비스의 질을 높이게 된다.

하지만 구글은 이런 식으로 인터넷 사업을 구축하지 않았다. 그 누구에게도 인프라 구축을 요청하지 않았다. 치프혁명의 혜택을 최대한 활용하기 위해 정보발전소의 인프라를 직접 만들기로 한 것이다.

컴퓨터 시스템을 설계하는 학문은 컴퓨터 아키텍처, 또는 시스템 소프트웨어 설계라 불리며, 미국이 월등하게 앞서 있다. 이 학문 분야는 최근 10년 사이에 크게 발전했으나, IT산업에서는 지금까지 그다지 활용되지 않았다.

1990년대에 컴퓨터 산업은 거대화되었고, 부가가치는 주로 마이크로소프트의 OS(Operating System. 운영 체제)나 인텔의 마이크로프로세서에서 나왔다. 치프혁명은 '규모의 경제'가 적용되는 분야에서 크게 가속도가 붙는다. 당연히 인텔과 마이크로소프트 컴퓨터 주변기기의 가격 대비 성능이 눈부시게 향상되었고, 사용자는 그러한 흐름에 몸을 맡기기만 하면 큰 만족을 누릴 수 있었다. 컴퓨터의 가격 대비 성능의 향상 속도가 너무 빨랐으므로, 일반 컴퓨터 업체는 새로운 컴퓨터 시스템 설계를 포기할 수 밖에 없었다.

구글의 공동 창업자인 세르게이 브린(Sergey Brin)과 래리 페이지(Larry Page)는 둘 다 스탠퍼드 대학교 컴퓨터학과 출신이다. 이 학과는 미국 컴퓨터 과학 연구의 메카다. 두 창업자는 컴퓨터학과의 최근 10여 년 동안의 연구 업적이 IT산업에 활용되지 않았다는 현실을 잘 알고 있었다. 활용되지 않은 엄청난 연구 성과와 새로운 컴퓨터 시스템을 만들 수 있는 수준 높은 인재가 실리콘밸리에 넘쳐흐른다는 사실도 꿰뚫고 있었다.

컴퓨터를 팔지 않는 컴퓨터 제조업체

두 창업자가 생각해 낸 것은 인터넷 '저쪽 편'의 정보발전소를 자신들이 직접 만든다는 것이었다. 컴퓨터 시스템 설계학의 최근 10여 년의 성과를 모두 쏟아부으며 '제로' 상태에서 창조 작업을 시작했다.

가격 대비 성능의 향상 속도가 현저한 마이크로프로세서 및 기억장치 부품들을 대거 도입하여 대규모 정보를 고속으로 신뢰성 있게 처리할 수 있는 저비용 컴퓨터 시스템을 만들기로 결정했다. 부품이 하나 고장나더라도 전체 시스템은 정상적으로 가동되는 시스템을 구상했다. 부품의 양만 늘리면, 나날이 증가하는 데이터와 급증하는 정보 송수신량에 대처할 수 있도록 설계했다(이런 방식을 전문적으로는 스케일러블 아키텍처 Scalable Architecture라고 하는데, 이것이 컴퓨터 사이언스의 핵심 개념이라고 주장하는 연구자들도 많다).

컴퓨터 제조업체란 원래 '신개념 컴퓨터를 설계해 세상에 선보이는 회사'를 지칭했다. 구글은 컴퓨터 제조업체들이 컴퓨터 산업 발전의 부작용으로 소멸하는 가운데 '진정한 컴퓨터 제조업체'가 되려고 한 것이다.

1980년대까지 컴퓨터 제조업체들은 컴퓨터를 설계한 뒤 한 대 한 대 고객에게 팔고 다녔다. 고객의 눈앞, 즉 인터넷의 이쪽 편에 컴퓨터를 놓도록 하기 위해서는 그렇게 해야만 했다. 하지만 새 시대에 들어서면서 상황이 달라졌다. 구글은 컴퓨터 제조업체이긴 하지만, 고객에게 컴퓨터 시스템을 판매할 필요는 없다. 자사의 서비스를 고객에게 제공하기 위한 거대 시스템을 만들어, 세계를 향해 서비스를 제공하는 정보발전소 인프라로 이용하기만 하면 되는 것이다.

전문 업체에 발주하는 대신 '제로' 상태에서부터 자신들이 직접 시스템을 만든 이유는 무엇일까.

가격 우위를 실현하기 위해서였다. 치프혁명의 혜택을 백 퍼센트 누리기 위해서였다.

구글은 오픈소스의 최대 수혜자

구글 정보발전소의 하드웨어는 마이크로프로세서나 기억 장치(=스토리지) 등의 부품이 수십만 개, 수백만 개 늘어선 것이다(몇 대인지는 공개되지 않았는데, 2005년 말 현재 보드가 30만 대 정도인 것으로 추정된다).

'소프트 없는 컴퓨터는 상자에 불과하다' 는 말이 있듯이 컴퓨터를 작동시키려면 OS와 데이터베이스 시스템 등 시스템 소프트웨어가 있어야 하는데, 이것을 만드는 일이 그리 간단하지가 않다. 그래서 보통은 직접 만들기보다는 마이크로소프트나 오라클의 완성품을 사는 것이다. 그러나 구글은 자신들이 직접 만들었다.

2003년 봄, 구글의 수석 오퍼레이션 엔지니어인 짐 리스가 실리콘밸리에서 구글의 정보발전소 인프라에 관해 강연한 적이 있다. 실리콘밸리에서는 밤이면 이런 소규모의 기술 관련 모임이 자주 열린다. 짐 리스는 하버드 대학교 생물학과를 졸업하고 예일대 의학부를 나온 사람으로, 본래 신경외과 의사였으며 음반을 낼 정도로 노래 실력이 뛰어나고, 기타리스트이기도 하다. 지적 호기심이 왕성하고 머리회전이 매우 빠르며, 무슨 분야건 한번 매달리면 순식간에 다른 사람들을 추월하는 능력을 가진 사람이다.

그런 그가 아직 형체도 제대로 갖추지 못한 1999년 당시의 구글에 열여덟번째 사원으로 입사했다. 그리고 신경외과와는 아무런 상관도 없는 시스템 구축을 맡게 됐다. 짐 리스는 그로부터 4년 뒤 IT산업 전체에 큰 영향을 미치기 시작한다. 이러한 역동성이 실리콘밸리의 흥미로운 부분이다.

그날 밤 강연의 골자는 이랬다.

테라바이트(=1,024기가바이트) 단위의 데이터와 30억 건에 달하는 웹상의 문서에 색인을 붙이고, 초당 수천 건의 정보를 찾아내는 검색 엔진을 상상해 보셨습니까? 우리는 1만 대 이상의 리눅스 서버로 그것을 만들어 냈습니다.

리눅스라는 OS는 오픈소스 프로젝트가 탄생시킨 최대의 성과다. 구글은 정보발전소를 만들면서 수많은 오픈소스 프로그래머들의 참여를 이끌어냈다. 이들의 참여로 탄생한 리눅스 등의 성과 위에 구글이 시스템 소프트웨어를 구축했다. 이것이 결정적으로 중요한 부분이다. 아무리 구글의 기술자가 뛰어나도 오픈소스라는 큰 흐름이 존재하지 않았다면 제로 베이스에서 정보발전소를 만들 수는 없었을 것이다.

제1장에서 인터넷, 치프혁명, 오픈소스 등의 세 가지를 '향후 10년의 3대 조류'라고 말한 점을 떠올려보기 바란다. 구글의 정보발전소는 이 3대 조류를 모조리 실현한 존재다.

오픈소스의 세계에서는 기본적으로 인터넷의 이쪽 편에서 소프트웨어가 이용된다는 전제하에 라이선스 관련 규칙을 만든다. 이쪽 편에서 소프트웨어를 사용한다는 것은, 이쪽 편 컴퓨터 사용자에게 소프트웨어를 배포한다는 것이다. 오픈소스에서 라이선스 관련 규칙이나 규정은 모두 소프트웨어 배포와 관련되어 있다.

반면 구글처럼 저쪽 편에 거대한 시스템을 만들 때는 소프트웨어 배포 문제가 발생하지 않는다. 즉 구글을 비롯한 인터넷 기업만큼 오픈소스 세계의 성과를 자유롭게 이용할 수 있는 기업 형태는 없다.

박사가 '막일'을 하는 기업 문화

그렇다면 구글 정보발전소의 기반은 탄탄하며 압도적인 것일까? 허점은 없을까?

구글은 인터넷 산업에 새로운 규칙을 만들어냈다. 그 규칙이란 정보발전소를 자체 제작한다는 것이다. 인터넷 세계에서는 기존 규칙을 바꾼 자가 초기에는 가장 강력하다. 그러나 규칙이 바뀌면 새로운 규칙 아래 경쟁이 벌어진다. 적어도 야후와 마이크로소프트 두 회사와 구글의 경쟁은 격렬히 확대될 것이다.

평균적인 인터넷 기업이 구글 수준의 시스템을 구축하려면 자금 조달이 쉽지 않다. 치프혁명으로 시스템 구축 비용이 혁명적으로 낮아졌다고는 하지만 구글 수준의 정보발전소를 수백만 달러 혹은 수천만 달러를 가지고 만들 수는 없다. 최소한으로 잡아도 수십억 달러 규모 이상이 들어간다. 신출내기 평균적 벤처 기업에는 불가능한 일이다. 하지만 마이크로소프트나 야후라면 이런 액수는 문제가 되지 않는다.

자금보다는 인력이 문제가 될 수도 있다. 하지만 마이크로소프트는 세계 최고의 소프트웨어 기업이기 때문에 인재 면에서도 풍족하다. 야후도 구글을 추격하기로 결정한 뒤 40억 달러 이상을 투자해 검색 엔진 관련 기업을 매수하고 '야후 서치 테크놀로지(YST)'를 설립했다.

하지만 필자는 결국 마이크로소프트나 야후가 정보발전소 구축 경쟁에서 구글을 추격하기는 어렵다고 본다. '기업 문화'라는 요인 때문이다. 예를 들어 구글의 짐 리스의 직함은 '수석 오퍼레이션 엔지니어'이다. '오퍼레이션'이란 단어는 운용 혹은 설비란 의미이며, IT 산업에서 필요한 업무이긴 하지만 단어 자체는 '재미없는 일'이라는 인상을 준다. 일반적으로 박사학위를 가진 인재는 기업에서 오퍼레이션 관련 업무를 맡지 않는다. 특히 일본 IT기업의 간부들에게 "구글은 박사학위를 가진 최고의 엔지니어가 매일같이 목숨을 걸고 오퍼레이션이라는 '막일'을 하는 회사"라고 설명하면 모두들 낙담한다. 그런 일은 우수한 인간이 직접 나서는 것이 아니라는 인식이 뿌리내려 버린 일본 기업의 입장에서 볼 때, 박사들이 막일을 하다시피 하는 구글을 이길 수는 없을 것이라고 생각하기 때문인 듯하다.

'우수한 인재가 막일을 마다하지 않고 직접 뛰어드는' 기업 문화, 그것이 바로 정보발전소 분야에서 구글이 우위를 유지할 수 있는 핵심 이유 중 하나다.

4 애드센스, 새로운 부의 분배 메커니즘

구글이 만드는 가상 경제권

구글은 어떤 비즈니스를 만들어내고 있을까.

지금부터 설명할 '애드센스(AdSense)'라는 비즈니스 모델은 구글의 독특한 개성을 잘 보여준다.

구글의 시가 총액은 1천억 달러를 넘는다. 이를 불과 5천여 명이 달성했다는 얘기를 들으면 사람들은 대부분 주가 버블이 아닌지 의심하게 된다. 1인당 시가 총액이 2천만 달러를 넘는다는 것은 비즈니스 상식으로는 상상조차 하기 힘든 거액이기 때문이다.

일본에서 제조업 시가 총액이 2조 엔이라면 자회사를 포함해 직원이 10만 명 이상인 경우가 대부분이다. 그 경우 1인당 시가 총액은 2천만 엔(20만 달러) 전후에 불과하다. 구글과 100배 이상 차이가 나는 것이다.

주가 버블이 아니냐는 의심은 구글의 본질을 모르는 데서 나오는 오해일 뿐이다. 물론 구글의 주가가 높게 평가된 것은 사실이지만 일반적인 인터넷 기업의 주가 버블과는 전혀 성격이 다르다는 점을 알아야 한다.

우선 구글은 매출과 이익의 성장 속도가 엄청나다. 구글이 창업한 것은 1998년 9월. 창업 7년이 지난 2005년 7~9월(3/4분기) 결산 결과 매출은 전년 동기 대비 거의 두 배가 늘어난 15억 7,800만 달러, 순이익도 전년 동기 대비 일곱 배 이상 늘어난 3억 8,100만 달러였다. 연

매출은 50억 달러를 넘었고 순이익도 10억 달러를 넘어서고 있다. 미국 벤처 기업의 역사를 살펴볼 때 7년 만에 연 매출이 50억 달러를 넘은 기업은 찾아볼 수 없다.

구글의 매출은 '애드센드' 등의 광고 수입에서 나온다. 이익을 낳는 구조는 저비용의 정보발전소 인프라다. 이 양대 지주에 의해 막대한 매출과 이익을 올리면서 급성장하기 때문에 시가 총액이 높은 것이다.

일본의 제조업 분야 대기업 간부에게 구글에 대해 얘기하면 다음과 같은 반응이 전형적이다.

"구글의 비즈니스 모델은 광고 아닙니까. 별로 관심 없어요."

구글의 정보발전소가 매우 참신한 구조를 갖추고 있다는 것, 경쟁에서 우위를 차지하는 원천은 비용 구조라는 점, 그리고 검색 엔진이 현대 IT산업에서 차지하는 의미 등 본질적인 설명을 할 기회조차 없다. 그저 "구글의 비즈니스 모델은 광고"라는 얘기에 자신들과는 무관하다면서 더는 귀를 기울이지 않는다.

물론 50억 달러에 달하는 구글의 연간 매출이 대부분 광고 수입인 것은 사실이다. 세계 거대 미디어의 광고 시장은 3천5백만 달러에서 4천만 달러 규모다. 그러나 광고의 의미를 넓게 정의한다면, 즉 '제품 및 서비스를 제공하는 측이 자신의 존재를 잠재적 소비층에게 알리고 싶어하는 모든 경제 행위'라고 정의한다면, 시장 규모는 1조 달러 규모로 확대된다. 구글은 이 거대한 돈의 흐름을 바꿀 뿐 아니라, 이 돈을 자본삼아 전혀 새로운 가상 경제권을 만들어내려고 한다.

애드센스는 무수히 많은 웹사이트의 내용을 자동적으로 식별하고,

각각의 내용에 맞는 광고를 자동 게재해 주는 등록제 무료 서비스이다. 하지만 이런 설명만으로는 실체를 이해하기 힘들다. 쉽게 설명해보자.

웹사이트를 개설한 개인이나 소기업이 애드센스에 등록하면(무료다), 구글의 정보발전소가 그 사이트 내용을 자동으로 분석해서 어떤 광고를 실으면 좋을지 판단한다. 그리고 구글에 접수돼 있는 수많은 광고 중에서 그 사이트에 맞는 것을 골라 자동적으로 붙여준다. 그 후그 개인이나 소기업의 웹사이트를 방문한 사람들이 구글이 붙여놓은 광고를 클릭하면, 사이트 운영자인 개인이나 소기업에게 돈(광고주가 구글에 지불하는 광고비의 일부)이 지불되는 구조다. 즉 웹사이트 운영자는 애드센스에 무료로 등록한 후 웹사이트를 계속 운영하면서 손님(=사이트 방문자)을 모으기만 하면 매달 돈을 벌 수 있는 것이다.

매달 몇백 달러를 벌려면 방문율이 높은 인기 사이트를 만들어야 하기 때문에 그리 쉬운 일은 아니다. 하지만 매달 몇십 달러 정도라면 자그마한 노력만으로, 또 매달 몇 달러 정도라면 별 노력 없이도 돈을 벌 수 있다. 자신의 웹사이트가 인터넷 세계와 연결되어 있기만 하면 용돈이 저절로 들어오는 것이다.

몇백 달러로 생활이 해결되겠느냐고 생각하는 사람이 많을 것이다. 하지만 이는 풀타임의 안정된 직장을 다니는 '가진 자'의 발상이다. 구글 경제권에 가장 민감히 반응하는 것은 '갖지 못한 자'이다. 학생 시절 월 2백~3백 달러의 가정교사 자리가 얼마나 소중했던가를 떠올려보기 바란다.

영어권에서는 실제로 구글의 애드센스로 생계를 꾸려가는 사람이 늘고 있다. 구글이 형성하는 경제권의 규모가 커짐에 따라 용돈 수준이 아니라 생계가 가능한 수준까지 개인의 수입 규모가 높아질 가능성도 있다.

구글 자체가 정보발전소를 통해 돈을 버는 기업인데, 그런 구글의 하부 구조에서도 웹(개인에게는 웹이 정보발전소와 유사한 존재다)을 통해 돈을 버는 개인 및 소기업이 가상 경제권을 구축하는 것이다.

'인터넷 세계의 3대 법칙' 중 제2법칙인 '인터넷상에 만든 인간의 분신이 돈을 벌어주는 새로운 경제권의 탄생'이 이제 막 실현되려 하는 것이다.

새로운 부의 분배 메커니즘

광고주들이 구글에 지불한 광고비를 유통기구를 거치지 않고 전세계의 방대한 웹사이트에 세밀하게 분배하는 메커니즘, 이것이 '애드센스'이다.

"중간 과정을 생략하는 것은 인터넷의 본질이다"라는 말이 있다. 유통기구가 생략된 애드센스는 구조가 복잡하거나 정보발전소가 없었다면 실현될 수 없었을 존재다. 중간 과정을 생략하려면 엄청난 기술이 필요하다는 점을 구글이 증명한 것이기도 하다.

시가 총액 2백억 달러의 제조업체 A를 예로 들어보자. A를 중심으로 하청 업체, 소재·부품 납품 업체, 판매 회사, AS 업체 등 거대한 경제권이 만들어진다. 기업 하나가 지역 경제를 먹여살리기도 한다. 하지만 구글에는 하청 업체나 납품 업체 등이 없다. 구글이 만들려고 하는 것은 인터넷상의 완전히 새로운 구글 경제권이다. 제조업 경제권에 친숙한 사람들에게는 잘 보이지 않는 존재다.

2004년 8월의 주식 공개 때 구글이 미국 증권거래위원회(SEC)에 제출한 서류에는 창업자가 장래의 주주들에게 보내는 편지가 첨부돼 있었다. 거기에는 'MAKING THE WORLD A BETTER PLACE(세상을 좀더 나은 곳으로 만든다)'라는 항목이 있었다. 경제 격차를 개선하겠다는 구글의 의지를 천명하는 것이다.

'민주주의'나 '경제적 격차 개선' 같은 거창한 목표를 표방한 IT 기업이 구글 이전에는 없었다. 그런 점에서 구글은 참신하다. '인터넷의 의지'를 받아들이고 순종할 경우 이 세계는 더욱 좋은 곳이 될 것이라고 그들은 진심으로 믿고 있다.

구글이 생각하는 경제 격차 개선의 가능성은 '애드센스'라는 완전히 새로운 '부(富)의 분배' 메커니즘을 통해 점칠 수 있다. 현실 세계에서의 '부의 분배'는 거대 조직을 정점으로 하는 계층 구조에 의해 이뤄진다. 하지만 이 경우 말단까지 분배가 잘 이뤄지지 않는다는 것이 단점이자 한계다.

반면 애드센스의 경우 아무리 분배 대상이 방대해도 인터넷으로 연결만 되어 있으면 매우 세세하게 분배해 줄 수 있다. 게다가 그런 작업을 적은 비용으로 할 수 있다. 구글은 인터넷의 '저비용 본질'을 활용함으로써 현실 세계의 부의 분배 메커니즘이 가지는 한계를 뛰어넘으려고 한다. 위에서 아래로 돈을 흘려보내 말단을 윤택하게 하겠다는 엉성한 방식 대신, 말단 한 사람 한 사람의 공헌에 따라, 즉 개개인의 공헌을 정확히 계산해 거기에 걸맞은 돈을 내려보내는 구조를

□ 웹 진화론

만들겠다는 것이다.

구글의 CEO, 에릭 슈미트는 기회 있을 때마다 이렇게 강조한다.

세계에는 방대한, 그러나 하나하나 떼놓고 보면 극히 작은 시장이 급성장하고 있다. 우리들이 목표로 하는 것이 바로 그런 시장이다. 우리들은 수많은 개인과 소기업이 돈을 벌 수 있는 인프라를 만들어낼 것이다.

다음 장에서 자세히 살펴보겠지만, 막대한 고정 비용이 드는 기업은 시장 규모가 극히 작으면 그것을 사업 기회로 활용하지 못한다. 활용하려고 하면 할수록 손실이 늘어나는 구조를 갖고 있기 때문이다. 반면 구글이 만들어낸 정보발전소 인프라는 작은 시장을 끊임없이 끌어모아 이익을 창출한다.

5 구글의 조직 매니지먼트

정보 공유야말로 스피드와 파워의 원천이라는 신념

'스피드와 파워는 정보를 공유할 때 비로소 탄생한다.'

이 말에 대해 진지하게 생각해 볼 필요가 있다. 지금부터 설명할 구글의 '조직 매니지먼트'와 '조직의 정보 공유', 이 두 가지의 의미를 하나로 묶어서 생각해야 한다. 정보 공유를 중시하는 자세는 학창 시절부터 인터넷을 당연한 것으로 여기며 자란 세대, 특히 구글의 창업자처럼 오픈소스 세계를 속속들이 아는 젊은 엔지니어가 경영자로 있는 기업의 공통점이다.

마지막 장에서 자세히 설명하겠지만, 필자는 2005년 3월 '(주)하테나'라는 일본 인터넷 벤처에 참여함으로써 젊은 인터넷 세대의 새로운 일처리 방식을 경험할 수 있었다. 전략 회의와 새로운 서비스 아이디어에서부터 매일매일 이뤄지는 상담이나 업무 보고에 이르기까지, 거의 모든 정보가 전 사원이 볼 수 있는 블로그를 통해 공개된다. 당연히 모든 사원이 모든 정보를 같은 시간대에 공유한다. 누군가에게 보내는 질문과 그 질문에 대한 답변, 직속 상사에게 보고할 내용 등 모든 것이 공개된다.

이메일은 많이 사용하지 않는다. 이메일은 정보를 보내는 사람이 정보를 받는 사람을 선택하는 방식이다. 즉 정보 은폐를 기본으로 하는 기업이나 조직의 정보 시스템이다. 반면 정보 공개와 공유를 원칙으로 하는 새로운 조직은 온갖 정보를 공개한다. 그 일을 반드시 처리

해야 할 사람이 아니라면 공개된 정보를 읽건 말건 상관하지 않는다. 정보를 보내는 사람이 아니라 받는 사람이 어떤 정보가 필요한지 판단하고 처리한다. 필자는 이런 업무 스타일이 '조직과 정보'의 코페르니쿠스적 전환이라고 느꼈다.

그간 대부분의 기업에서 조직 내의 정보는 은폐가 기본이었다. 같은 회사라도 부서가 다르면 어떤 프로젝트가 추진되고 있는지 알지 못한다.

우리는 "이 사람에게 정보를 공개해도 된다"고 누군가 판단해야만 정보가 공개되는 환경 속에서 일해 왔다. 그래서 귀중한 정보를 장악하고 조종하는 것이 조직에서 살아남는 비결이기도 했다. 공동 프로젝트를 추진하려면 다수의 직원이나 여러 부서가 모여서 정보 공유를 위한 회의를 별도로 열어야만 했다.

의욕적인 멤버로 구성된 작은 조직에서 모든 정보가 공유되면 업무 추진 속도가 빨라지고 커다란 힘을 낳는다. 따라서 생산성이 현저히 향상된다. 그리고 누군가가 지적한 문제점이 다른 누군가에 의해 해결되는 데 걸리는 시간, 혹은 흥미로운 아이디어가 결실로 나타날 때까지의 시간이 크게 단축된다. 정보가 공유되는 조직은 폐쇄적인 기존 조직에 비해 상상을 초월하는 엄청난 속도를 낼 수 있다.

하테나라는 회사는 구글 창업 당시와 흡사한 시스템을 갖고 있다. 구글은 이제 5천여 명의 사원을 거느릴 만큼 성장했지만, 여전히 창업 당시의 시스템을 확고하게 유지하고 있다. 이것은 정보 공유가 속도와 힘의 원천이라는 사실을 구글의 경영자가 믿고 있기 때문이다.

핵심 노하우는 채용과 기술

현재 미국 인터넷 업계의 최첨단 콘퍼런스는 오라일리(O'Reilly) 미디어가 주최하는 'ETech(Emerging Technology Conference)' 다. 2003년 4월 실리콘밸리에서는 'ETech 2003'이 열렸다. 실리콘밸리에 오랜만에 괴물(=구글)이 등장했다는 소문이 돌던 시기였다. '구글의 조직은 다른 기업과는 전혀 다른 논리로 움직이고 있다'는 소문이 파다했다.

구글의 제1호 사원(창업자 외에 처음으로 구글에 입사한 정사원이란 뜻)인 크레이그 실버슈타인이 그 콘퍼런스에서 "구글, 이노베이션, 그리고 웹"이라는 제목으로 연설을 했다.

연설의 주제는 '새로운 시도와 혁신을 장려하는 동시에 생산성을 향상시키기 위해 어떤 근로 문화(=working culture)를 구축하려 하는가' 였다. 창조성을 발휘하면서 동시에 생산성을 향상시키는 것은 모든 조직의 과제다.

과연 구글은 어떤 접근 방법을 취하고 있는가. 그가 말한 내용(http://www.socialtext.net/etech/index.cgi?craig_silverstein)과 그에 대한 해설(http://radio.weblogs.com/0114726/2003/04/29.html)이 인터넷에 올라 화제가 되었다. 이들 자료를 참고삼아 구글의 조직 매니지먼트에 대해 생각해 보자.

군계일학의 우수한 사람들을 끌어모아, 그들에게 창조적이고 자유로운 환경을 마련해 준다. 전원이 정보를 100퍼센트 공유한 가운데 소조직(小組織) 유닛(unit)을 많이 만들고, 개개의 유닛은 스피드를 최우선시하며 움직

□ 웹 진화론

인다. 그 결과 조직 내에 치열한 경쟁이 일어난다.

이것이 구글의 근로 문화에 관한 실버슈타인의 설명이다.

아이디어를 모든 사원에게서 끌어내어 전원이 공유한다. 인터넷에서 철저한 논의를 거쳐 우선순위를 정하고, 각각의 과제를 소조직 유닛에 넘긴다. 목표 달성을 위해 전력질주하게 한다. 서비스 기능 설계와 프로그램 개발, 테스트, 그리고 시장에 대한 서비스 투입까지를 평균 세 명의 소조직 유닛이 해낸다. 소조직 유닛이 벽을 만들어 경쟁할 경우 비효율이 발생하기 때문에 전원이 모든 정보를 공유한다.

실버슈타인은 연설에서 "이런 프로세스가 돌아가도록 만드는 핵심 노하우는 채용과 기술"이라고 말했다. 그러한 단언이 흥미롭다.

구글은 우수한 기술자만 채용한다. 우수함의 기준은 창조적이자 경쟁적인 사람이다. 평균적인 사람이라면 허덕댈 정도로 노동 강도가 높은 근무 환경을 좋아하는 사람을 채용하는 것이다. 여기에 기술, 즉 자신 있는 IT와 검색 기술을 구사해 조직 매니지먼트를 해나간다면 창조성과 생산성을 동시에 높일 수 있다는 사고방식이다.

"뛰어나게 머리가 좋은 친구들이라면 당연히 자기 자신을 관리할 수 있다"는, 어찌 보면 그저 그런 원칙에 의해 지탱되는 매니지먼트다. 이들은 미국 사회에 면면히 흐르는 '베스트 앤드 브라이티스트(best and brightest)'를 신봉한다. 그런 신념에다가 정보 공유의 철학을 추가하고, 기술로 지탱하겠다는 것이다.

'베스트 앤드 브라이티스트' 주의(主義)

'우수한 사람들만을 선발한다.'

최고의 인재 선발에 정열을 불태웠던 최초의 경영자로 마이크로소프트의 빌 게이츠를 꼽을 수 있다. 마이크로소프트의 인재 전략에 대해서는 『마이크로소프트 웨이(The Microsoft Way)』라는 저서가 상세히 설명하고 있으며, 최근에는 마이크로소프트의 인재 채용 전략을 다룬 『후지산을 어떻게 옮길까?(How Would You Move Mount Fuji?)』라는 책도 나왔다. 『마이크로소프트 웨이』에서 인상적인 내용을 추려 소개한다.

게이츠가 생각하는 최고의 프로그래머란 초수재(超秀才. super smart)다. 초수재는 게이츠가 즐겨 사용하는 단어로, 여러 가지 속성을 내포하고 있다. 그 중 몇 가지를 소개하면, 새로운 지식을 리얼 타임으로 신속하게 흡수하는 능력, 예리한 질문을 던질 수 있는 능력, 서로 다른 분야 지식들 간의 연관성을 찾아내 종합적으로 이해하는 능력, 프린트된 코드를 단번에 이해할 수 있을 정도로 뛰어난 프로그래밍 능력, 운전이나 식사할 때조차도 코드에 대해 생각하는 열의, 극도의 집중력, (중략) 그리고 자신이 만든 코드를 사진 보듯 떠올릴 수 있는 능력 등이다.

이 모든 것들이 구글의 인재 전략과 유사하다. 유일한 차이는 학력 중시다. 구글은 의도적으로 사내 곳곳에 박사학위를 가진 사원을 배치하고, 모든 사원에게 연구자처럼 행동할 것을 요구한다. 1980년대에 마이크로소프트는 컴퓨터 사이언스를 전공한 일반 대졸자를 대거 채용해서 하버드 대학교를 중퇴한 빌 게이츠의 '복제인간'을 만들려 했다. 게이츠는 대학을 막 졸업한 신선한 두뇌를 원했다.

그러나 스탠퍼드 대학 박사 과정을 중퇴한 두 명의 창업자(구글의 창업자 세르게이 브린과 래리 페이지)는 모든 위대한 난제에 도전하는 것을 인센티브로 제시하면서, 박사학위를 취득할 수 있는 지적 능력과 지적 지속력을 갖는 인재를 획득하는 데 매진했다. 그리고 이런 환경에서 일하고 싶어하는 젊은이들의 이력서가 하루 평균 1,500통씩 구글에 도착한다.

정보 스스로 도태된다

사원이 수십 명 정도라면 조직 내 모든 사람이 모든 정보를 공유하는 일이 그리 어렵지 않다. 하지만 사원 수가 5천 명에 달한다면? 그리 간단한 일이 아닐 것이다.

한 번은 구글에 근무하는 친구에게 정보 공유에 관해 물었더니, 그는 바로 이렇게 대답했다.

"정보가 스스로 도태되는 거야."

그럴듯했다. 확연하지는 않았지만 어느 정도 구체적인 이미지를 떠올릴 수 있었다. 회사 내 정보 공간을 인터넷 공간 그 자체라고 생각하면 된다.

인터넷에는 모조리 읽는 것이 불가능한, 엄청난 양의 정보가 떠 있다. 누구도 그 엄청난 양의 정보를 모두 읽겠다는 생각은 하지 않는다. 검색 엔진을 사용해서 필요한 것만 골라 읽는다. 흥미로운 정보를 발견한 사이트는 내용이 갱신될 때마다 읽는다. 친구의 사이트나 누군가가 추천해 준 사이트를 북마크해서 읽는다. 또는 인터넷에서 화제가 되고 있는 사이트를 포털 사이트에서 알아내기도 한다. 모두들 이런 식으로 정보를 '취사선택'하면서 읽는다. 이것이 바로 '정보가 스스로 도태' 되는 것이다.

"자신에게 필요하다고 판단되는 것을 제한된 시간 내에 최대한으로 읽을 뿐이다. 또 자신의 생각을 가능한 범위 안에서 인터넷에 올린다. 우리가 할 수 있는 일은 그뿐이다. 5천 명의 사원이 묵묵히 그런 식으로 한다."

함께 일하는 그룹이나 조직의 상사 또는 부하 관계에 있는 사람 등 반드시 필요한 사람에게는 정보가 확실히 전달되고 공유된다. 그 외의 사람에 대해서는 정보의 자체적인 도태에 맡길 뿐이다. 하지만 많은 사람이 중요하다고 생각하는 내용은 반드시 전파된다. 누군가 새롭고 좋은 아이디어를 올리면 사내 온갖 부서에서 그에 대한 심도 깊은 평가가 올라오면서 치열한 논쟁이 벌어진다.

이런 구도는 인터넷 공간의 메커니즘과 마찬가지다. 따라서 일반 인터넷 이용자에 비해 구성원 간의 균질성이 더 높은 구글의 사내 정보 공간에서 그런 메커니즘이 작용하지 않을 까닭이 없다.

반면 누구도 관심을 갖지 않는 내용은 인터넷에 올려졌다는 사실조차 알려지지 않은 채 사라져간다. 읽히지 않는 정보는 가치가 없는 정보로 간주된다. 전 사원이 올리는 방대한 정보가 이처럼 자율적으로 선별되고 도태되며 묵묵히 처리되는 것이다.

이런 구조를 당연한 것으로 여기느냐의 여부는 인터넷 공간에서 정보 해독력을 갖고 있느냐 갖고 있지 않느냐에 크게 좌우된다. 젊은 세대는 이런 사고방식을 매우 자연스럽게 받아들인다. 하지만 인터넷을 경험하지 못한 사람에게는 이해되지 않는 세계다.

실버슈타인은 "정보 공유 구조를 지탱해 주는 것이 기술"이라고 말했다. 하지만 구글의 사내 정보 시스템은 극히 평범한 시스템의 조합일 뿐이다. 블로그나 게시판, 전 사원이 하나의 문서를 동시에 자유롭게 편집할 수 있는 '위키(Wiki)'라 불리는 공동 작업용 환경, 그리고 검색 엔진 등의 조합에 불과하다. 도구 자체가 혁신적인 것이 아니라, 모든 정보를 공유한다는 원칙 아래 정보를 정보 자체의 도태에 맡긴다는 '사상'에 혁신성이 있는 것이다.

구글의 '20 대 80 규칙'

특정 분야에만 재능이 있는 사람은 구글에서 높은 평가를 받지 못한다. 구글은 모든 사원에게 연구자와 같은 자세를 요구한다. 그리고 모든 사원에게 '폭넓은' 창조성을 발휘할 것을 요구한다. 그런 구글의 요구는 '20 대 80 규칙'으로 정착되어 있다. 근무 시간의 80퍼센트는 검색 엔진이나 정보발전소 인프라 개발이라는 기존 프로젝트에 참가하고, 나머지 20퍼센트는 독창적인 일에 배분하는 것이다. 이것이 '20 대 80 규칙'이다.

기존 프로젝트에 참여하거나 자신이 하고 싶은 일을 하거나, 마음대로 선택할 수 있는 것이 아니다. 기존 프로젝트에는 반드시 참여해야 한다. 20퍼센트의 독창적인 연구 역시 반드시 해야 한다. 20퍼센트의 시간을 독자적인 신규 테마에 사용하도록 하는데, 만약 독자적 테마 연구에서 실적을 올리지 못하면 평가가 떨어지게 된다. 그래서 20퍼센트의 프로젝트에도 심혈을 기울이게 되는 것이다.

일반 연구소에서는 '언더 더 테이블(under the table)' 프로젝트를 장려하는 문화가 있다. 언더 더 테이블이란 일상 업무에서 벗어나 책상 아래 숨어 정보를 은폐하며 연구하는 방법이다.

구글은 반대다. 아이디어 단계에서 이미 그 프로젝트의 내용이 모든 사원에게 공개되기 때문에 아이디어를 인정받으려면 '손에 잡히는 것'을 개발해서 증명해 내야 한다. 많은 시간을 들여 보고용 파워포인트 슬라이드를 준비하는 일은 없다. 그런 것은 대기업식 발상이다. 그럴 시간이 있다면 코드를 설계하고 뭔가 실체가 있는 것을 만들어야 한다.

구글의 친구에게 이런 질문을 한 적이 있다.

"아이디어맨 있잖아, 끊임없이 아이디어를 내는 사람 말이야. 그런 사람은 구글에서 어떤 평가를 받지?"

그의 대답이 재미있었다.

"아이디어 자체는 큰 평가를 받지 못해. 아이디어는 항상 해결해야 할 난제를 안고 있지. 그런 난제를 해결하고 물건으로 만들어내야 평가를 받게 되지. 입만 살아 있는 사람은 쓸모 없는 존재야."

모든 엔지니어가 자신의 테마 연구에 주어진 20퍼센트의 시간을 제대로 사용하고 있음을 인정받으려면 어떻게 해야 할까. 우선 아이디어를 기안하고 데모 프로그램을 만들어 다른 엔지니어들로부터 "홍

미롭다"는 평가를 받아내야 한다. 그런 평가를 획득해야만 비로소 '20퍼센트' 짜리 프로젝트로서 인정된다. 구글의 정보발전소를 형성하고 있는 소프트웨어의 소스코드는 모든 사원에게 오픈되기 때문에 그것을 연구에 활용할 수 있다. 모든 것이 투명하게 공개되는 상황에서 연구가 진행되며, '20퍼센트 프로젝트'가 추진된다. 그리고 그 20퍼센트 프로젝트가 동료들의 평가를 받고, 더 나아가 창업자를 비롯한 최고위층이 인정할 경우 회사의 정식 프로젝트인 '80퍼센트 프로젝트'로 승격한다. 그리고 궁극적으로는 전세계 수억 명의 인터넷 사용자를 대상으로 하는 구글의 서비스에 투입된다. 아이디어나 새로운 서비스에도 철저한 도태 구조가 도입되었다.

정보 공유를 전제로 한 이런 구조가 '베스트 앤드 브라이티스트'의 경쟁심을 자극하고 경쟁 환경을 더욱 고양한다. 그리고 이것이 바로 구글이 세계를 향해 끊임없이 새로운 서비스를 제공할 수 있는 원천이다.

6 야후와 구글의 차이

구글, 라쿠텐(樂天), 그리고 라이브도어

구글이 여느 인터넷 기업들과 어떤 점이 다른지를 살펴보면 구글의 본질을 알게 된다.

우선 일본의 인터넷 기업과 비교해 보자. 일본에서 인터넷 기업이라면 라쿠텐(樂天)과 라이브도어를 먼저 떠올리는 사람이 많을 것이다. 2004년과 2005년에 미국에서는 구글의 주식 공개와 약진이라는 사건이 있었는가 하면, 일본에서는 라쿠텐의 프로야구단 매수와 후지 TV-라이브도어 문제, TBS-라쿠텐 문제 등이 불거졌다. 미국과 일본의 인터넷 기업이 대조적인 화제로 사람들의 관심을 끌었던 것이다.

"라쿠텐이나 라이브도어와 구글은 어떻게 다른가요?"

곧잘 이런 질문을 받지만 필자는 '사과와 오렌지를 비교하는 것이 어떤 의미가 있을까'라는 생각이 들 뿐이다. 사과와 오렌지 사이에는 우열 혹은 서열이라는 것이 없다. 그저 다른 종류의 과일일 뿐이다. 그렇다면 무엇이 다를까.

패전 후 일본에서 기업가 정신이 흘러넘쳤던 분야는 국민의 일상생활과 관계 깊은 서비스 산업은 아니었다. 경제계의 기득권층은 중후장대(重厚長大)의 전형인 제조업을 장악했고, 서비스 산업은 군웅할거의 세계였다. 다이에, 이토요카토, 세븐 일레븐, 로손, 리쿠르트, 피아, 코지마, 마쓰키요, 유니크로……, 그리고 전국에 체인점을 가진 외식 산업과 맥도널드, KFC에서 스타벅스로 이어지는 흐름. 이들을 벤처 기업으로 분류하기는 힘들지 몰라도 이들 모두 기업가 정신이 넘치는 경영자들이 이끌었다. 대부분 '제로 베이스'에서 오늘의 번영을 이뤄낸 기업들이다. 라쿠텐과 라이브도어 역시 이러한 '생활 밀착형' 서비스 산업의 전통을 계승한 기업이다.

반면 구글은 IBM이나 DEC, 인텔, 마이크로소프트, 애플 등의 기업처럼 IT산업(전에는 컴퓨터 산업이라 불렸음)으로 패러다임을 옮긴, 10년에 한 번 나타날까 말까 하는 특별한 기업이다. 이와 같은 IT산업 분야의 파괴적 혁명가는 미국에서만 나타났으며, 가장 최근에 시장에 진입한 구글이 미국에서 태어난 것도 극히 자연스러운 일이다.

아마존이나 야후 등 구글보다 먼저 태어난 미국의 인터넷 열강은 구글의 등장에 의해 인터넷 산업이 기술 사업이란 사실을 알게 된다. 그것이 야후에 의한 검색 엔진 내장, 아마존에 의한 웹서비스와 독자 검색 기술 추구로 연결되었다. 실리콘밸리는 이제 검색 엔진 전략의 메카가 되었다.

하지만 라쿠텐의 미키타니(三木谷)나 라이브도어의 호리에(掘江)는 테크놀로지에 관심이 적다. 기술을 창조할 생각이 없으며, 기술은 서비스를 위해서 이용하는 것에 불과하다는 입장을 유지하고 있다. 이는 어느 쪽이 좋고 나쁘고의 문제가 아니다. 기업의 성립과 계보가 달라서 문제 설정이 달라졌을 뿐이다.

사실 인터넷 산업을 생활과 밀접한 '서비스 산업'으로 파악하는 것이 일반적인 상식이었다. 구글이 이를 '기술 산업'으로 파악한 것은 오히려 예외적인 생각이다. 돌연변이일 뿐이다.

라쿠텐은 얼마 전 '골든 이글스'라는 프로야구의 구단주가 되었다. 라쿠텐을 '생활 밀착형 서비스 산업' 계보에 가장 최근에 등장한 기운 넘치는 신인으로 파악한다면 프로야구 구단주가 된 것도 이해할 만하다. 신문사(요미우리讀買 · 주니치中日), 전철공사(세이부西武 · 한신阪神), 식품 · 소매 · 유통(닛폰 햄 · 야쿠르트 · 롯데) 회사 등, 같은 서비스 산업 계보에 속하는 기업들이 프로야구 구단을 소유하고 있기 때문이다. 따라서 라쿠텐이 프로야구 구단주가 된 것은 극히 자연스런 경영 판단의 결과라고 볼 수 있다.

"왜 일본에서는 구글 같은 기업이 태어나지 않는가?"라는 질문은 라쿠텐이나 라이브도어에 할 것이 아니라, 인재가 탄탄하고 기술도 축적된 히타치(日立)나 도시바(東芝), 후지쓰(富士通), NEC, 소니, 마쓰시타(松下) 등 일본의 IT 및 컨슈머 일렉트로닉스(Consumer Electronics, 소비자 가전) 산업을 견인해 온 대기업에 던져야 한다.

"반도체에 뛰어들어 전자 입국 일본을 달성했고, 컴퓨터에도 참여해 거대한 컴퓨터 산업을 일궈냈으면서 왜 인터넷 분야에는 뛰어들지 않느냐"고 물어야 한다. 그들에게 질문을 던지는 것이 좀더 본질적인 문제를 끄집어낼 수 있는 방법이다.

야후는 미디어, 구글은 기술

라쿠텐(樂天)이나 라이브도어와 구글을 비교한다는 것은 큰 의미가 없지만, 야후와 구글을 비교하는 것은 인터넷 산업의 미래를 예측하는 데 매우 큰 시사점을 제공해 준다.

우선 '구글 뉴스'라는 서비스를 생각해 보자. 구글 뉴스는 구글이 인터넷상의 세계 뉴스 사이트를 모조리 찾아다니며 뉴스의 긴급성과 중요성을 자동적으로 판단하고 우선순위를 매겨 자동 편집하는 서비스다. 2003년 이 서비스가 처음 선을 보였을 때 세계 미디어계는 자동 편집이란 개념에 신선한 충격을 받았다. 당시 구글의 엔지니어링 담당 부사장 웨인 로징(Wayne Rosing)은 사람이 뉴스 편집에 관여하지 않는 것과 관련해 질문이 쏟아지자 "사람 따위를 쓸 이유가 없지 않습니까? 구글 뉴스는 엔지니어링 설루션이라니까요."라고 거듭거듭 강조했다.

전통적인 신문이나 잡지에서는 편집자 · 기자 · 리포터 등이 편집을 담당한다. 이에 비해 구글은 정보발전소의 컴퓨터 시스템이 이 업무를 담당한다. 구글은 철저한 기술 지향을 내건 세계 최초의 미디어 비즈니스라고 해야 할 것이다.

야후나 구글 모두 스탠퍼드 대학 컴퓨터 사이언스학과 출신 두 명이 창업했다. 거기까지는 흡사하다. 하지만 인터넷 버블 붕괴 이후 야후는 회사의 위상을 '미디어 기업'으로 정리했고, 일반적인 경영을 지향했다. 미디어 산업의 최고경영자를 지낸 테리 시멜(Terry emel. 전 워너브러더스 엔터테인먼트 부문 회장)을 CEO로 영입한 것을 비롯해서 주요 언론사 출신을 곳곳에 배치하는 경영 전략을 택했다. 두 명의 젊은 공동 창업자는 경영에 깊숙이 관여하지 않는 체제다.

"기술의 중요성은 인정하지만, 우리의 본질은 미디어 기업이다."

이것이 야후의 입장이다. 그래서 그들은 뉴스를 편집할 때는 우수한 인간의 인간적 시점이 필수적이라고 본다. '인간의 개입'을 부가가치 창출의 원천이라고 생각하는 것이다.

이에 비해 구글은 광고 영업의 프로를 데려올지언정 미디어 산업의
프로를 경영진에 영입하지는 않는다. 기술을 통해 미디어 사업을 완
전히 새로운 것으로 혁신하겠다는 '파괴적 의도'를 갖고 있기 때문에
인간이 개입할 필요성을 거의 느끼지 않는 것이다.

기술자들이 만든 정보발전소가 일단 가동을 시작하기만 하면 인간
의 간섭 없이 자동적으로 일이 추진되는 세계, 그것이 구글이 추구하
는 모습이다(물론 기술 부분은 인간이 맡는다. 역으로 말하자면 이 부분에
서 능력을 발휘할 수 있는 사람 이외에 다른 인간은 필요 없다는 사상이 구
글의 본질에 있다). 정보발전소가 아직은 미완성 단계이기 때문에 인간
의 간섭과 개입을 참고 있을 뿐, 기본적으로는 인간의 개입을 극도로
피하고 싶어한다. 이것이 야후와 구글의 결정적인 차이다.

언젠가 필자는 야후의 검색 담당 부사장인 비시 마키자니(Vish
Mahkijani)에게 "야후와 구글의 철학적 차이는 인간이 개입하는 수준
에 대한 생각 차이 아닐까요?"라고 물었다. 그는 이렇게 대답했다.

"야후는 인간, 구글은 컴퓨터라는 식의 분류에는 다소 위화감을 느
낍니다. 하지만, 야후는 인간의 개입이 사용자에게 도움이 된다고 생
각하면 인간을 투입합니다. 그 점이 구글과 결정적으로 다르죠. 야후
는 컴퓨터가 인간을 완전히 대체할 수 있다고 생각하지는 않습니다."

야후와 구글에 대해 많은 지식을 갖고 있고, 최근『검색으로 세상을
바꾼 구글 스토리(The Search : How Google and Its Rivals Rewrote the
Rules of Business and Transformed Our Culture)』라는 책을 낸 존 바텔은
자신의 블로그(http://battellemedia.com/archives/001115.php)에 이렇게
적었다.

□ 웹 진화론

"구글과 야후의 본질적인 차이는 두 회사가 영상 콘텐츠를 둘러싸고 경쟁에 돌입하게 될 미래에 좀더 분명해질 것이다."

야후는 당연히 콘텐츠의 '거대 공급자'라는 위상을 추구하겠지만, 구글은 완전히 새로운 테크놀로지 설루션을 만들어냄으로써 경쟁을 불러일으킬 것이라는 얘기다. 바텔은 두 회사가 할리우드(또는 콘텐츠 보유자·소비자·대리점)에 접근할 때 어떤 제안을 할 것인지를 통해 두 회사의 개성이 명확히 드러날 것이라고 예상했다.

2006년 1월 6일, 구글은 '구글 비디오 스토어'를 공개했다. 이것은 TV프로그램이나 과거의 영상필름, 일반인의 홈비디오 등을 인터넷으로 배급하는 서비스다. 발표 당시에는 포함되지 않았지만, 언젠가는 이 서비스에 고도의 비디오 서치 기능이나, 영상 내용을 해석한 뒤 광고를 영상에 자동 삽입하는 서비스 등 구글다운 테크놀로지 설루션이 추가될 것이다.

서비스에 대한 인간의 개입을 어떻게 정의하느냐 하는 문제에서 발상의 차이를 가진 야후와 구글, 이 둘은 아마도 매우 흥미로운 경합 관계가 될 것이다.

3

롱테일과 웹Web 2.0

1 '롱테일 현상' 이란 무엇인가

꼬리가 긴 공룡

롱테일(Long Tail. 긴 꼬리)이라는 표현이 있다.

IT 세계에는 무수히 많은 신조어들이 생겨났다가는 사라지곤 하는데, 롱테일이라는 표현은 2004년 가을 무렵부터 미국에서 사용되기 시작한 것으로 인터넷의 본질과 관련해 매우 중요한 문제 제기를 하는 단어다.

롱테일이란 무엇일까.

책이라는 상품을 예로 들어 생각해 보자. 2004년 1년 동안 어떤 책이 얼마나 판매되었는지를 나타내는 막대그래프를 만든다. 세로축에는 판매 부수를 표시하고, 가로축에는 왼쪽부터 차례대로 제1위 『해리포터와 불사조 기사단』, 2위 『세계의 중심에서 사랑을 외치다』, 3위 『바보의 벽』······, 이런 식으로 판매 순위별로 막대그래프를 그려간다. 가로축은 '한 권당 5mm', 세로축은 '1,000권당 5mm'로 그린다. 어떤 그래프가 그려질까.

세로는 '1,000권당 5mm'이므로 200만 부면 10m가 된다. 베스트셀러 1위인 책은 가볍게 10m를 넘긴다. 하지만 10위부터는 판매 부수가 급격히 떨어지기 때문에 막대의 높이도 급속히 아래로 떨어지는 모양이 된다. 이 그래프를 오른쪽을 향해 계속 그려가면 어떻게 될까. 특정 지점부터 판매가 부진한 책들이 줄지어 늘어서게 된다. 일본에서 1년에 나오는 신간 서적은 약 7만 종이므로, 3년 치를 나열하면 21

만 권이 된다. 가로축에는 한 권당 5mm씩 막대그래프를 그렸으므로, 20만 권째에 1km가 된다. 20만 권째 책은 팔려봤자 한 권 정도다. 1,000권 팔렸을 경우의 막대그래프 높이가 5mm이므로 한 권이라면 5마이크론에 불과하다. 따라서 가로로 1km 펼쳐지는 그래프는 높이 10m에서 급속히 떨어져 특정 지점부터는 가로축에 거의 붙어서 가는 모양이 된다. 그리고 1km 부근에서는 5마이크론의 높이까지 내려가게 된다. 키는 10m 이상, 꼬리 길이는 1km 이상인, 꼬리가 긴(=롱테일) 공룡, 바로 그런 모양이다.

흔히 롱테일을 설명할 때는 이렇게 장황하게 늘어놓지 않는다. 종이에 그림을 그려 설명하는 것이 간단하다. 이 책에서 그런 방법을 택하지 않은 것은 높이 10m 이상에 가로로 1km 이상 가는 롱테일을 가진 공룡을 한 장의 종이에 제대로 그리지 못한다는 점을 강조하고 싶었기 때문이다. 종이 위에 적당히 그려진 롱테일 이미지를 본 경험이 있는 독자라면 머릿속에서 그 기억을 지워버리고 꼬리가 긴 공룡 모습을 원래 크기대로 생각해 보기 바란다.

아마존닷컴과 롱테일

인터넷이 등장하기 전까지 출판계와 유통업계의 주역은 출판사 및 서점과 유통업자였다. 서점과 창고와 재고 관리에 적지 않은 고정비가 들어가기 때문에, 어느 정도 매출이 있는 책, 즉 '공룡의 머리'(그래프 왼쪽)에서 수익을 내어 롱테일(그래프의 오른쪽)의 손실을 보전하는 사업 모델을 유지해 왔다.

2004년 가을에 롱테일론이 각광받게 된 것은 인터넷 서점이 이런 구조를 근본적으로 바꿔버렸다는 주장이 나왔기 때문이다. 제창자는 미국 『와이어드(Wired)』지(誌)의 편집장인 크리스 앤더슨(Chris Anderson). 미국의 서점 체인인 '반즈 앤드 노블스'가 보유하고 있는 도서의 종수는 13만 타이틀(판매 랭킹 13만 등까지)인데, 아마존닷컴은 전체 매출의 절반 이상을 13만 등 이하의 책에서 올리고 있다고 발표한 것이다. 1mm도 안 되는 높이로 10km 가까이 이어지는 부분에 있는 책들, 즉 '티끌' 같은 책들의 판매량이 잘 팔리는 책인 '공룡의 머리'의 판매량을 능가한다는 것이었다.

　일반 서점들은 '팔리지 않는 책'을 재고 비용 때문에 서가에 비치하지 않지만, 아마존은 도서 목록에 올릴 수 있다. 그 이유는 책 목록을 추가하는 데 드는 비용이 거의 '제로'이기 때문이다. 이것이 바로 아마존이 230만 종이 넘는 서적을 다룰 수 있는 비결이다. 팔리지 않는 책은 가격 경쟁이 없으므로 이윤도 높다(미국에서는 신간 적도 가격 인하 경쟁을 벌인다). 따라서 꼬리 부분의 책들은 매우 유리한 공략 대상이다. 이것이 바로 롱테일 현상이다.

　롱테일 현상은 디지털 콘텐츠를 인터넷에서 판매할 때 현저히 나타난다. 애플의 'i튠즈 뮤직스토어(iTMS)' 관계자에 따르면, 자신들이 취급하는 100만 곡 이상의 노래 모두가 최소한 한 번 이상 다운로드받았다고 한다. 빅 히트곡에 의존하는 음반업계의 현실과는 전혀 다른 경제 원칙 아래 사업 모델이 성립되고 있다.

　『와이어드』지 편집장 크리스 앤더슨은 롱테일 부분의 책이 팔리는 이유를 다음과 같이 설명했다.

1988년 출판된, 영국인 등산가 조 심슨의 『난, 꼭 살아 돌아간다 (Touching the Void)』는 90년대 후반까지 롱테일에 속해 있었다. 즉 독자의 외면으로 잊힌 책이었다. 그런데 존 크라카우어의 『희박한 공기 속으로 (Into Thin Air)』라는 책이 베스트셀러가 되면서 이 책이 덩달아 뜨기 시작했다. 그 계기가 된 것이 아마존닷컴의 '독자서평', 혹은 '추천글' 기능이다. 아마존의 소프트웨어가 특정 고객(비극적인 등산 사고를 다룬 책을 좋아하는 사람들)의 구매 패턴을 파악해 『희박한 공기 속으로』의 독자에게 『난, 꼭 살아 돌아간다』를 자동 추천한 것이다. 이 추천에 따라 『난, 꼭 살아 돌아간다』를 읽은 사람들이 열광적으로 추천글을 올렸고, 이것이 다시 판매와 추천글을 더욱 가속화했다. 롱테일 부분에 묻혀 있던 명작이 빛을 본 것이다. 인터넷상의 수많은 사람들의 일상적인 행동이 롱테일 부분의 티끌을 모아 태산을 만들어낸 것이다.

'공룡의 머리'파와 '롱테일'파의 대립

우리들은 검색 엔진의 편리함에 너무 젖어 있다. 그래서 책 내용까지 검색 엔진으로 검색할 수 있다면 얼마나 편리할까라는 생각도 한다. 인터넷상의 단편적인 정보보다는 책의 본문이 좀더 신뢰할 만하기 때문이다. 그러나 책 본문을 인터넷으로 검색하는 것에 대해 공급자인 출판사나 저자는 극력 반대한다. 책이란 돈을 내고 사서 보는 상품이며, 내용 일부를 검색 엔진으로 공짜로 볼 수 있게 된다면 책이 팔리지 않을 것이라고 생각하기 때문이다. 일본이라면 책 검색에 대한 논쟁은 여기서 막을 내린다. 하지만 미국은 달랐다. 아마존닷컴이나 구글 등 규칙 파괴자들이 새로운 세계를 개척하려 했기 때문이었다.

그들은 서점에서 현재 판매되고 있는 책은 물론, 전세계 도서관에 소장된 과거부터 현재에 이르는 모든 책을 스캔해서 정보발전소에 집어넣고, 그 내용을 누구라도 자유롭게 검색하게 만들자는 아이디어를 내놨다. 그리고 "책 본문을 인터넷으로 검색할 수 있도록 하는 것은 공급자인 출판사와 저자에게도 이익이 된다"는 새로운 이론을 마련해 공급자 설득에 나서고 있다.

이들의 새로운 이론과 사고방식은 롱테일을 모르면 이해하지 못한다. 검색 엔진의 본질은 정보의 발견이다. 인류의 예지가 담긴 방대한 책의 어느 부분에 어떤 내용이 들어 있는지를 발견할 수 있게 된다면, 즉 검색 엔진을 통해 전세계 모든 책에서 원하는 내용을 공짜로 읽을 수 있는 세계가 우리들 앞에 전개된다면 소비자 입장에선 너무도 반가운 일이 될 것이다.

도서 공급자는 이런 미래를 어떻게 생각해야 할까. 공급자측에도 두 가지 생각과 입장이 있다. 이를 '공룡의 머리파'와 '롱테일파'라고 부르기로 하자.

공룡의 머리파는, 베스트셀러나 잘나가는 책의 판매가 둔화되는 것을 싫어하는 사람들이다. 출판사는 줄곧 공룡의 머리 부분에서 수익을 내왔기 때문에 대부분의 출판 관계자들은 공룡의 머리파에 속한다. 책 본문에 대한 인터넷 검색을 허용한다는 것은 그들에게는 '절대악'이다.

하지만 같은 도서 공급자라도 롱테일파는 다르다. 롱테일 부분에 있는 책은 어차피 잊힌, 거의 팔리지 않는 책들이다. 그들은 어떤 계기가 마련되어 그 책이 알려지기를 바란다. 그래서 인터넷을 통한 책 본문 검색을 쌍수 들어 환영하는 것이다. 검색한 100명 중 한 명이라도 책을 사주면 성공이다. 한 권도 팔리지 않던 책이 한 권 팔린 책이 되는 것이며, 판매를 계기로 어떤 일이 일어날는지는 아무도 모른다. 롱테일파는 인터넷 서점의 새로운 가능성을 알아차린 소수파다. 또 출판사보다 저자 쪽이 롱테일파가 될 가능성이 높다.

공룡의 머리파와 롱테일파의 대립은 뿌리 깊으며, 어느 쪽이 옳은지는 판단하기 어렵다. 입장이 바뀌면 결론이 정반대로 바뀌기 때문이다.

아마존닷컴은 2003년 10월, 본문 검색 서비스인 '서치 인사이드 더 북(Search Inside the Book)'을 시작했는데, 거래처인 출판사들과의 합의를 존중하면서 원만하게 사업을 확대하고 있다.

아마존은 이 외에도 책을 페이지 단위로 판매하는 '아마존 페이지', 아마존을 통해 종이책을 구입한 고객은 온라인으로도 책을 읽을 수 있는 '아마존 업그레이드' 등 참신하고 파괴적인 서비스를 제공하고 있다.

아마존의 서적 판매량은 이제 기존 출판사들이 무시하지 못할 규모로 성장했다. 그들은 출판사들이 받아들일 수 있는 수준의 제안을 해가며 서서히 세계를 바꿔가고 있다. 이렇게 아마존의 전략은 치밀하다.

반면 구글은 과격하고 급격하다. 전세계 도서관의 모든 책을 스캔해서 검색할 수 있게 만들겠다는 '구글 북 서치' 프로젝트에 대해서는 작가와 출판사들이 소송을 제기한 상태다. 규칙 파괴자와 책 공급자 간의 알력이 커진 근본 배경에는 공룡의 머리파와 롱테일파의 세계관의 차이가 있다.

구글은 롱테일을 추구하는 기업

롱테일의 제창자인 미국『와이어드』지의 편집장 크리스 앤더슨은 2005년, 자신의 발표 내용을 정정했다. 그는 당초 "아마존닷컴은 전체 매출의 절반 이상을 일반 서점들이 갖고 있지 않은 책에서 올리고 있다"고 발표했었다. 그러나 그는 '절반 이상'을 '약 3분의 1'로 정정했다.

그의 롱테일론이 각광받은 이유는 발표 내용 중 '절반 이상'이란 부분이 충격적이었기 때문이다. 그러나 아마존은 매출 내역을 공식 발표하지 않았기 때문에 절반 이상이라는 숫자는 추정에 불과한 것이었다. 롱테일이 미국에서 화제가 됨에 따라 이 절반 이상이란 숫자를 둘러싸고 "너무 많은 것 아니냐. 믿기 힘들다"는 논쟁이 일었고, 조사해 본 결과 정정을 하게 된 것이다. 하지만 그의 논리가 주는 파괴력이 다소 약해졌어도 문제 제기의 본질은 바뀌지 않았다.

그는 아마존의 서적 판매 순위를 가로로 나열한 롱테일을 통해 사람들에게 롱테일의 효과를 설명하려 했다. 그의 방법은 사람들을 쉽게 이해시켰다는 점에서는 성공적이었다. 그러나 롱테일의 핵심을 좀더 깊이 설명하려 했다면 구글의 애드센스(AdSense)를 예로 드는 편이 나았을 것이다. 아마존과 구글의 롱테일 부분의 성격에 큰 차이가 있기 때문이다.

아마존의 롱테일 부분에는 '실패한' 상품들이 나열되어 있다. 그것들은 모두 한 번은 신상품으로 세상에 선을 보였던 것들이다. '물건은 좋은데 세상이 알아주지 못했다' 등등 이유는 많지만, 뭔가 이유가 있어서 팔리지 않은 상품이다. 그 중에서 『난, 꼭 살아 돌아간다(Touching the Void)』처럼 멋지게 부활할 상품은 많지 않다. 그러나 어쨌든 그처럼 실패한 상품인 '롱테일의 먼지'가 전체 매출의 3분의 1을 일궈냈다는 것은 놀랄 만한 일이다.

구글의 애드센스는 아마존과 어떤 점이 다를까. 애드센스의 롱테일 부분에는 '실패한 상품'이 아닌, 미지의 가능성을 가진 존재가 나열되어 있다. 더구나 누구나 원한다면 롱테일 부분에 진입할 수 있다. 그런 엄청난 '공개성'을 갖고 있기 때문에 롱테일은 더욱 길어진다.

구글은 2005년 2월 애널리스트들과의 모임에서 "구글은 롱테일을 추구하는 기업"이라고 선언했다. 애드센스를 통해 광고주의 롱테일 부분과 미디어의 롱테일 부분을 조화시켜 양자 사이에 윈윈(win-win) 관계를 구축하는 데 성공했다는 것이다.

광고주의 롱테일 부분이란 지금까지 광고를 낸 적이 없는 소기업이나 NPO(Non Profit Organization. 비영리조직), 또는 개인을 말한다. 그리고 미디어의 롱테일 부분이란 지금까지 광고를 게재한 적이 없는 극소 미디어(무수한 웹사이트 등)이다. 즉 구글의 롱테일은 이전에는 광고와는 아무런 관계가 없었던 부분으로 이뤄진, 미지의 가능성이 넘치는 새로운 시장을 개척한 것이다.

구글은 누구라도 새로운 시장에 진입할 수 있도록 광고 시장의 장벽을 사실상 허물어버렸다. 우선 광고주는 자유롭게 광고 문안을 만

　　　　　　　　　　　　　　□ 웹 진화론

들 수 있다. 광고 단가도 저렴하다. 더불어 광고비는 인터넷상에서 누군가 그 광고를 클릭했을 때에만 내는 '성과보수형'이다. 부담 없이 광고를 하고, 성과가 나타나면 광고비를 늘릴 수 있는 구조를 도입했다. 참가의 자유를 보장하는 '공개성'과 '자연도태'의 원리를 도입해 광고 시장에 새로 진입한 참여자 중에서 스타가 나오는 구조를 만들어냈다.

구글의 매출이 놀랍도록 빠르게 성장한 것은 참가의 자유를 보장하고 자연도태 구조를 롱테일 부분에 도입함으로써 그간 증명되지 않았던 광고 시장의 가능성이 크게 부각됐기 때문이다. 구글은 롱테일 부분의 성장 가능성을 우리들에게 증명했다.

'배급'이 아닌 '창조'를 목표로

또다른 예를 들어보자. 소니 뮤직 엔터테인먼트 사장을 지낸 마루야마 시게오(丸山茂雄)는 'mF247(http://mf247.jp/index.html)'이라는 음악 사업을 시작하려고 한다. 사업 구상을 적은 그의 글을 인용해 보자.

대형 레코드사가 시장에 가수와 레코드를 배급하고 소비자들은 배급된 상품 중에서 마음에 드는 것을 골라 구입하던 시대가 '대형 레코드사 절대 우위의 시대'다.

이제 대형사에 의존하지 않아도 다양한 가수들이 등장할 수 있고, 소비자도 폭넓고 다양한 음악을 선택할 수 있는 시대에 들어서고 있다. 즉 '개개인이 상품을 배급하고 개개인이 선택하는 형태'로 음악 시장이 급속히 옮겨가고 있다.

음악 관계자 중 그 누구도 이런 사실을 부정하지 않을 것이다. 저작권자와 가수의 동의 아래 완전한 형태의 음악을 '정보' 형태로 소비자에게 제공하고, (중략) CD 구입 및 라이브 콘서트의 참가로 연결되는 프로세스를 구축하고 싶다는 생각에 이르렀다. 이번에 추진하는 우리들의 음악 배급 사이트는 한 명이라도 더 많은 사람들에게 새로운 음악을 신속히 들려주겠다는 목적 아래, 인터넷에서 무료 다운로드를 시작하려 한다.

마루야마는, 우선 롱테일 부분에 참여하고자 하는 노래를 '정보' 형태로 만든 뒤 그 정보를 무료로 롱테일 부분에 게재하고, 소비자가 정보를 맛본 뒤 선택케 하는 새로운 음악 사업을 구상하고 있는 것이다.

애플 iTunes의 일본 진출이 임박했던 시점(2005년 8월 8일)에 그는 자신의 블로그(http://d.hatena.ne.jp/marusan55/20050808)에 '배급도 좋지만, 인터넷을 새로운 물건을 만들어내는 도구로 사용하자'는 글을 올렸다.

애플 컴퓨터가 일본에서 iTunes 서비스를 시작한다고 하자 언론들이 앞다퉈 이를 보도했습니다. 그러나 보도는 '최근 어느 사이트가 우위에 있고 어느 사이트는 열세'라는 내용이거나, '이 사이트는 100만 곡을 준비했는데 저 사이트는 아직 20만 곡밖에 없다'는 식의 얘기뿐입니다. 보도에서 음악의 향기를 맡을 수 없습니다.

인터넷의 이용 방법은 다양합니다. 하지만 음악 사업자들은 유료 배급에

만 초점을 맞추고 있고, 저는 그 점이 큰 불만입니다. (중략) 새로운 물건을 만들어내겠다는 생각들은 전혀 없습니다. 재산을 어떻게 운용하는가라는 식의, 금융업자가 돈거래하는 듯한 모습만 보입니다.

이 글에서 '음악 배급'과 '새로운 음악 형태를 탄생시키려는 시도 (=창조)'의 관계는, 롱테일에서 '실패한 상품'의 집합체와 '미지의 가능성'의 집합체의 관계에 해당된다.

이미 상품화된 음악을 배급한다면 롱테일의 효과도 한정적인 것이 되고 만다. 그러나 아직은 미미한 불특정 다수(=음악)에게 참여 기회를 부여해 대상을 확대함으로써 새로운 음악을 창출해 내려는 시도는 롱테일의 저변을 확대하고 음악 시장에 더 큰 가능성을 열어주게 된다. 인터넷은 지금 그런 방향으로 진화하고 있다. 그것이 바로 서문에서 소개한 '총 표현사회의 도래'와 밀접한 관계를 맺고 있는 것이다.

거대 조직의 "그래, 지금부터는 롱테일을 노려라"라는 착각

롱테일 현상은 기존 거대 조직에 어떤 의미가 있을까.

정답은 '인터넷을 철저히 활용하지 못하면 아무런 의미가 없다'는 것이다.

롱테일에 반대되는 개념이 거대 조직의 논리인 '80 대 20 법칙'이다. 약 100년 전 이탈리아의 경제학자 파레토가 주장한 이 법칙에 따라 '부(富)의 80%는 인구의 20%가 소유한다', 또는 '불량품의 80%는

20%의 잘못 때문에 발생한다', '프로젝트 전체의 20%가 시간과 에너지의 80%를 빼앗아간다'는 원칙이 수립됐다. 그리고 '매출의 80%는 20%의 상품에서 나온다', '80%의 이익은 20%의 우량 고객에게서 나온다', '80%의 성과는 20%의 우수 사원에게서 나온다' 등으로 발전했다. 그 밖에도 '80 대 20 법칙'이 적용되는 경우는 일일이 거론할 수 없을 정도로 많다.

이 법칙은 품질, 인사, 영업, 프로젝트 관리 등 기업의 온갖 부문에서 너무도 자주 적용되어 '중요한 것은 소수며, 대다수는 불필요한 존재'라는 사상을 낳았다. 그리고 '불필요한 80%는 무시하고 중요한 20%에게 자원을 집중하라. 그래야 경영 효율이 오른다'라는 대기업의 경영 상식으로 자리잡았다. 이 불필요한 80%가 바로 롱테일이다.

'롱테일 전략을 시도해 봤자 고정비를 메울 만한 매출을 올리지 못한다'라는 지금까지의 상식이 현실 세계의 대기업에서는 여전히 진리다. 인터넷 세계와 현실 세계의 '비용 구조'의 차이가 롱테일에 관한 정반대되는 상식을 낳고 있는 것이다.

예를 들어 같은 광고 사업이라도, 공룡의 머리 부분에서 사업을 하는 '덴쓰(電通)'와, 롱테일을 추구하는 '구글'은 하나에서 열까지 모두 다르다. "돈벌이가 되지 않는다"며 덴쓰가 상대해 주지 않는 소규모 고객과 미디어가 바로 구글의 시장이다. 설사 덴쓰가 롱테일 시장의 규모가 크다는 것을 알더라도 현실 세계의 대기업은 비용 구조 때문에 롱테일을 공략할 수 없다. 롱테일을 공략하면 매출은 다소 올라가겠지만 이익보다 비용이 더 많이 발생하는 구조가 정착되어 있기 때문에 롱테일을 추구할 수 없는 것이다. 개인을 포함해 극소 사업체

□ 웹 진화론

와 극소 미디어의 요구를 자동적으로 정확히 해결해 주는 정보발전소 인프라를 갖추지 못하면 구글처럼 롱테일 사업을 추진할 수 없다.

대기업은 롱테일 사업자를 불안한 눈으로 바라보고 있다. 지금까지 무시해 왔던 롱테일 사업자가 서서히 세력을 확대해 산업 전체의 규칙 파괴자가 되고, 마침내 대기업의 앞마당인 공룡의 머리 부분 고객까지 잠식할 가능성이 있기 때문이다.

롱테일을 추구하는 사업자는 현실 세계가 수백 년간 무시해 온 롱테일이라는 새로운 영역을 사냥감으로 설정한 모험가들이기도 하다.

2 '아마존 섬(=島)'에서 '아마존 경제권'으로

아마존의 웹 2.0화

롱테일과 인터넷의 관계를 살펴보자. 인터넷 시대가 본격화된 1995
년에는 '윈도 95와 24시간 접속 내로밴드(narrow band. 한 매체에 한 개
의 채널만을 제공하는 방식. 주로 전화 회선이 여기에 해당한다 - 옮긴이)의
환경에서 무엇이 가능한가'가 승부의 관건이었다. 오늘날 인터넷 열
강이라 불리는 야후와 아마존닷컴, e베이 등이 창업된 것이 바로
1995년이다(구글은 1998년에 창업했다).

필자는 1994년 10월 실리콘밸리에 들어갔는데, 그로부터 한 달 뒤
에 넷스케이프의 브라우저 무료 다운로드가 시작되었다. 인터넷이
만개하기 직전의 상황이었다. 당시 실리콘밸리와 일본 간 연락은 모
두 팩시밀리에 의존했다. 그리고 그런 상황은 1995년 말까지 이어졌
다. 바로 어제 같은 느낌이지만, 1995년이란 시점은 엄청난 과거가 되
어버린 것이다.

인터넷은 10년이라는 짧은 시간 안에 자신의 가능성을 모두 규명할
수 있는 존재는 아니다. 따라서 10년 이상이 지난 지금도 '인터넷 시
대'는 여전히 지속되고 있다고 할 수 있다. 하지만 지금은 10년 전과
는 완전히 다른 분위기가 업계를 지배하고 있다. 그래서 과거 10년간
되었다. 같은 인터넷 시대라도 지금은 제2기로 접어들었다는 점을 강
조하는 분위기가 만연해 있다.

물론 웹 1.0에서 웹 2.0으로의 변화는 연속적인 것이기 때문에, 완

전히 새로운 기업이 탄생하기보다는 웹 1.0 기업이 새로운 기술과 발상을 받아들여 웹 2.0화하는 것이 일반적이다. 가장 먼저 행동에 나선 것이 아마존닷컴이었다.

아마존닷컴은 미국의 인터넷 버블 붕괴 전후에 인터넷 열강 중 칭송과 비방이 집중됐던 기업이다. 사람들은 대부분 인터넷에서 책이나 CD 같은 패키지 상품을 판매하는 사업이 어떤 것인지 쉽게 이해할 수 있었다. 인터넷의 가능성을 믿었던 창업자 제프 베조스(Jeff Bezos)는 적자를 감수하면서까지 자금 조달과 설비 투자를 강행했다. 아마존의 이 같은 적극적인 경영은 업계 전체의 '판돈'을 올려놓았고, 버블 붕괴로 인터넷 기업 주가가 폭락하자 아마존에 비난이 집중됐다.

그러나 버블 붕괴의 충격에서 벗어난 2002년부터 2003년까지 아마존은 시련을 딛고 일어서서 웹 2.0 기업으로 변모를 시도했다. 창업자 베조스는 거듭해서 "우리들을 아침부터 밤까지 움직이게 만드는 것은 테크놀로지다", "아마존은 마이크로소프트 같은 테크놀로지 기업이 될 것이다"라고 강조했다. 베조스는 인터넷상의 다양한 소매업자(오프라인상의 소매업자가 만든 인터넷 판매 사업도 포함)가 아마존의 테크놀로지 인프라에 의존하지 않으면 살아남을 수 없는 세계를 만들기로 결심했다. 컴퓨터 세계의 마이크로소프트를 본떠서 테크놀로지 주도의 광범위하고 포괄적이며 강력한 연계 관계를 e커머스 세계 전체에 만들고, 아마존이 그 중심에 서겠다는 것이 베조스의 의지였다. 그리고 그 의지는 '아마존 웹서비스'로 표출되었다.

1995년부터 시작된 인터넷 업체 간 경쟁의 특징은 '사용자 포위 전쟁'이라는 말로 요약할 수 있다. 매력적인 웹사이트를 만들어 손님을 유인하고, 한번 찾아온 손님을 계속 붙잡아둔다는 것이다. 인터넷의 저쪽 편에서는 아마존, 야후, e베이 등이 각각 자사만의 독립적인 섬을 만들고 주민이 늘어날 수 있도록 섬의 매력을 높이는 경쟁을 벌였다. 반면 아마존 웹서비스는 '아마존 섬' 곳곳에 누구라도 마음대로 항구를 만들거나 다리를 건설할 수 있는 자유를 보장했다. 대대적인 정책 전환이었다.

"사용자 여러분, 아마존 섬에 살지 않으셔도 됩니다. 항구나 다리로 이 섬과 연결돼 있는 곳이라면 어디에 사셔도 좋습니다. 항구나 다리로 아마존 섬과 연결된 아마존 경제권의 생활 물자는 전부 아마존이 철저히 관리하기 때문에 그 어디에 살건 쾌적한 삶이 보장됩니다."

아마존은 이런 전략을 내세웠던 것이다.

아마존은 자사의 생명선이라 할 '아마존이 취급하는 방대한 상품의 데이터'를 누구나 자유롭게 사용할 수 있도록 했다. 아마존의 데이터를 소규모 비즈니스에 활용할 수 있도록 무상 공개한 것이다. 데이터 사용만 허용한 것이 아니라 사용자가 손쉽게 프로그램을 개발할 수 있도록 데이터를 개조했다. 이처럼 사용자가 쉽게 프로그램을 활용할 수 있도록 데이터를 가공해 공개하는 서비스를 '웹서비스'라고 부르며, 사용자를 위한 기능을 'API(Application Program Interface)'라고 부른다.

결과적으로 소매업자나 인터넷 사업을 시작하고자 하는 개발자들은 이 웹서비스를 이용해 아마존의 상품 데이터베이스에 접근하고, 자신들의 사이트에서 아마존의 상품을 자유롭게 판매할 수 있게 되었다.

□ 웹 진화론

아마존은 이 웹서비스를 전세계 차원에서 운용하고 있기 때문에, 누구라도 일본의 '아마즐렛(amazlet)' 같은 사이트를 자유롭게 만들 수 있다. 아마즐렛은 아마존 저팬(Amazon.co.jp)의 상품 데이터를 웹 서비스에서 얻어내 잘 팔리는 상품을 아마존 저팬의 사이트보다도 효율적으로 표시해 주는 쇼핑 사이트다. 사용자는 아마즐렛에서 아마존 저팬의 상품을 구입할 수 있는데, 아마즐렛의 서비스 개발자는 상품 정보뿐 아니라 결제 시스템까지 아마존 저팬에 의존하고 자신은 사용자를 위한 서비스 개발에만 전념할 수 있다.

웹서비스를 공개한 지 1년도 안 되어 수천만 명의 소비자들이 웹서비스를 이용해 만들어진 사이트를 통해 아마존 상품을 구입했다. 아마존은 웹서비스를 통해 이뤄진 매출에서 15퍼센트의 수수료를 떼는 구조를 도입했기 때문에 아마존 섬 자체의 사업보다 아마존 경제권 지원 사업의 이익률이 높아졌다. 자사의 생명선인 상품 데이터베이스를 공개함으로써 아마존은 기존의 인터넷 소매업자에서 e커머스의 플랫폼 기업으로, 그리고 테크놀로지 기업으로 변신하는 데 성공한 것이다. 이것이 아마존의 웹 2.0화이다.

아마존의 SEO 전략

1990년대 말부터 "웹서비스는 웹사이트와 웹사이트 간의 연대를 촉진하는 신기술이다"라는 인식이 퍼져나갔다. 그러나 아마존닷컴이 웹서비스를 시작할 때까지 웹서비스는 큰 호응을 얻지 못했다. 기업이 웹서비스를 시작한다는 것은 그 기업의 독자적인 데이터나 기술을 널리 공개한다는 것을 의미한다. 그러나 대개의 기업은 가치 있는 데이터는 공개하지 않으며, 공개할 경우에는 결정적인 동기가 있어야 한다. 아마존이 공개하기 전까지는 그 누구도 그런 결정적인 동기를 갖지 못했다.

아마존에 강력한 동기는 무엇이었을까.

앞에서도 언급했듯이 창업자 베조스가 "소매업자들이 아마존의 테크놀로지 인프라에 의존하지 않으면 살아갈 수 없는 세계"를 추구한 것이 큰 동기 중 하나다. 또 하나는 아마존이 전략 전술 차원에서 검색 엔진의 중요성을 일찍이 간파했기 때문이다. '검색 엔진은 어떤 존재인가'라는 문제와 관련해 베조스는 웹서비스를 통해 자사의 데이터와 서비스를 공개하는 것이 어떤 의미를 갖게 될지를 알아차렸던 것이다.

모든 사람이 검색 엔진을 이용해 목적하는 사이트로 찾아가는 세상이라면, 모든 언어에 대한 검색 결과에서 아마존 사이트가 상위를 차지하는 것이 매출을 비약적으로 올리는 방법이 될 것이다. 2002년 당시에 그런 세계관을 가진 기업은 거의 없었지만, 아마존은 검색 결과에서 상위를 획득하는 것이 최우선 과제라는 것을 이미 깨달았던 것이다. 요즘 표현으로 SEO(Search Engine Optimization. 검색 엔진 최적화)다.

구글을 비롯한 검색 엔진은 검색 결과를 표시할 때 해당 페이지가 다른 사이트와 얼마나 링크되어 있는지를 기준으로 순위를 결정한다. 많은 사이트에 링크되어 있으면 있을수록 그 페이지는 검색 결과에서 상위에 표시된다. 웹서비스를 시도하면 아마존 사이트의 링크를 불특정 다수 무한대의 개발자들에게 의존할 수 있게 된다는 논리였던 것이다. 결과적으로 아마즐렛 같은 수많은 어플리케이션들이 아마존에 대량 링크를 안겨줌으로써 SEO 전략에 크게 기여했다.

여기서 다시 한 번 이번 장 첫 부분에 나온 크리스 앤더슨의 롱테일론을 떠올려보자. 아마존은 전체 매출의 3분의 1을 '실패한 상품'인 롱테일 부분의 먼지를 긁어모아 달성했다. 전체 매출의 3분의 1은 그런 종합적 노력의 결과로 실현된 수치이다. 인터넷에서 방대한 상품을 소개하는 것으로만 그친다면 아마존 같은 실적을 올릴 수 없다.

2002년에서 2003년까지는 아마존의 웹서비스 전략과 구글의 대두로 검색 엔진이 포털 사이트 이상으로 중요하다는 사실이 알려진 시기다. 인터넷 버블 붕괴 후 온 힘을 쏟아 부활을 시도하던 야후가 구글의 대두를 계기로 세상이 변한 것을 깨달은 것도 바로 이 시기다. 웹 1.0에서 웹 2.0으로의 대대적인 변화는 이때부터 시작되었다고 봐도 좋다. 변화의 본질을 상징하는 것이 아마존 웹서비스의 개방성이었다. 좀더 거시적으로 말하자면 인터넷 비즈니스에서도 IT산업과 마찬가지로 테크놀로지를 기반으로 한 플랫폼 사업(마이크로소프트의 OS와 유사한 사업)이 가능하다는 확신이 생겨났고, 그 확신이 웹 2.0이라는 새로운 조류를 이끌게 된 것이다.

2 웹(Web) 2.0 시대

웹 2.0이란 무엇인가

웹 2.0의 본질은 무엇일까.

2005년 중반 무렵부터 널리 쓰이게 된 이 신조어의 정확한 정의에 대해서는 지금도 논쟁이 계속되고 있다. '인터넷상의 불특정 다수(의 사람들 및 기업)를 수동적인 서비스 이용자가 아닌 능동적인 표현자로 인정하고 적극적으로 관계를 맺게 하는 기술과 서비스 개발 자세', 본질은 그것이라고 생각한다. 불특정 다수의 사람들 중에는 서비스 이용자도 있고 서비스 개발자도 있다. 모두가 자유롭게, 그 누구의 허가도 필요 없이 특정 서비스의 발전이나 웹 전체의 발전에 참여할 수 있는 구조, 그것이 웹 2.0의 본질이다.

서비스 제공자의 입장에서 보면(아마존의 웹서비스처럼) 자사의 데이터나 서비스를 개방하고, 불특정 다수의 사람들이 그 주변에서 자유롭게 새로운 서비스를 구축할 수 있는 구조를 준비하는 것이 웹 2.0의 본질이다. 고립된 섬 같은 폐쇄적인 공간을 만드는 것이 아니라, 개방적 공간으로 만들기 위한 장치를 구축하는 것이다. 그리고 사회의 불특정 다수에게 제한 없는 리소스를 제공하는 것이다.

과거의 상식으로는 폭거라고까지 할 수 있다. 그러나 세상에 그런 서비스가 넘쳐난다면, 데이터가 인터넷을 통해 세계 곳곳으로 확산되고 확산된 데이터가 또다시 새로운 가치를 낳는 연쇄작용이 일어난다. 그 연쇄작용을 이끌어내는 주역은 가장 효과적으로 데이터를 확산할 수 있는 수단을 가진 '서비스 개발자'이다. 그들은 여러 가지 서비스가 제공하는 데이터를 자유롭게 조종함으로써 또 하나의 새로운 서비스를 탄생시킨다. 이런 현상이 반복되면서 웹 세계 전체가 자기 증식 현상을 일으키며 발전해 간다. 개방을 통해 전체가 크게 발전하는 쪽이, 즉 파이가 커지는 쪽이, 문을 닫아버린 채 이미 확보해놓은 파이를 먹으면서 그 파이가 줄어드는 것을 불안하게 바라보는 것보다 백배 낫다. 개개 표현자의 입장에서 보자면 한 사람 한 사람의 표현 행위가 타인의 표현 행위와 자유롭게 연결됨으로써 공동 작업에 의한 창조 행위가 가능해진다. 웹 2.0은 이러한 새로운 사고방식을 실현하기 위한 기술과 서비스의 총체다.

e베이의 창업자 피에르 오미디아르(Pierre Omidyar)는 '웹 2.0이란 무엇인가'라는 질문에 이렇게 답했다.

사람들의 손에 도구를 건네주는 것이다. 함께 일하고 공유하고 협동할 수 있는 도구를 손에 쥐어주는 것이다. 이러한 행위는 '성선설(性善說)'이라는 신념에 바탕을 두고 있으며, 따라서 그들을 연결시키는 것도 분명 선(善)이다. 이를 통해 세계는 틀림없이 바뀔 것이라고 본다. 웹 2.0이란 그런 것이다. (http://ross.typepad.com/ blog/2005/10/pierre_omidyar_.html)

기득권층에 대한 '안티적' 심정과 낙관주의가 뒤섞인 실리콘밸리 정신이 웹 2.0의 기본임을 이 한마디로 잘 알 수 있다.

인터넷 '저쪽 편'에 API를 공개한다는 것의 의미

프로그램화하기 쉬운 데이터를 개발자들을 위해서 공개하는 서비스를 '웹서비스'라고 하며, 개발자용 기능을 'API(Application Program Interface)'라고 부른다. 웹 2.0에 대해 구체적으로 언급하기에 앞서 API에 대해 좀더 알아보자.

API는 원래 OS 세계에서 사용되는 전문 용어다. 나카시마 사토시(中島聰. UIEvolution사 CEO이며 마이크로소프트 본사 윈도 개발팀에서 일한 바 있다)가 'OS에서의 API와 인터넷 서비스에서의 API의 차이'에 대해 자신의 블로그에 올린 글을 인용한다(http://satoshi.blogs.com/life/2005/08/google_os_.html 참조).

OS는 한마디로 컴퓨터의 파일 시스템과 그래픽 유저 인터페이스 시스템, 그리고 태스크 관리 시스템 등 각종 시스템 서비스의 집합체이다. 사용자는 유저 인터페이스(컴퓨터 시스템이나 프로그램에서 데이터 입력이나 동작 제어를 위해 사용하는 명령어나 기법. 과거 도스 체제에서는 키보드를 통해 명령어를 직접 입력하는 텍스트 방식 유저 인터페이스가 주로 사용됐고, 오늘날 윈도에서는 사용자가 마우스로 작업을 수행하는 그래픽 유저 인터페이스가 이용되고 있다 - 옮긴이)를 통해, 프로그램은 API를 통해 이들 서비스와 의사 소통을 한다.

과거의 OS나 시스템 서비스는 컴퓨터 자체에 장착되었다. 때문에 그런 서비스로 할 수 있는 일이라고는 '화면에 원 그리기'나 '현재 시각 보기', '하드디스크상에 있는 음악 파일 찾기' 등 컴퓨터 자체에서 단독으로 제공할 수 있는 것에 국한되었다. 25년여 전에 만들어진 MS-DOS도, 2007년 발매될 롱혼(Longhorn. 마이크로소프트의 차세대 OS)도 그런 의미에서는 똑같은 것이다.

한편 구글이나 아마존, 야후가 제공하는 서비스는 우리의 생활과 일에 좀더 관련이 깊은 정보를 얻어내거나 실생활에 존재하는 것을 조종하는 서비스다. 예를 들어 '경도와 위도를 지정하면 그 장소를 지도로 표시한다', '프로야구팀 시애틀 마리너스의 현재 경기 상황을 알려준다', '이번 주 일요일 시부야(澁谷)에서 볼 수 있는 영화 리스트를 얻는다', 〈스타워즈 에피소드Ⅱ〉의 DVD를 구입한다', '지난 24시간 이내에 세계에서 발생한 지진의 규모와 진원지 목록을 구한다', '워싱턴 대학의 건물 위에 설치된 웹 카메라의 각도를 바꾼다', '자신과 같은 수준의 체스 동호인을 찾아내 시합을 신청한다' 등등의 일을 할 수 있다.

이 둘의 차이는 엄청나다. (중략) 인터넷에 연결된 지구상의 모든 것을 하나의 거대한 시스템으로 간주하고, 그들이 제공하는 각종 서비스에 사용자나 프로그래머가 접근할 수 있게 하는 것이 구글의 역할이다. 이렇게 생각해 보면 어째서 구글이 제공하는 API가 롱혼의 API보다 매력적인지 명확해진다. 마이크로소프트나 인텔이 아무리 발버둥쳐도, 한 대의 컴퓨터로 폐쇄된 세계에서 할 수 있는 일은 제한되어 있다.

인터넷의 '저쪽 편'에서 'API를 공개하는' 것이 어떤 의미를 갖는지를 이 글은 명쾌히 설명해 주고 있다. '이쪽 편'의 한 대의 컴퓨터에 국한된 세계에서 API가 공개되는 경우에 비해, '저쪽 편'의 API가 공개되는 것이 그 API를 활용하는 사람에게는 가능성의 공간이 압도적으로 넓어지는 것이다.

구글 맵의 API 공개

2005년 6월 29일, 구글은 지도 검색 서비스 '구글 맵(http://maps.
google.com/)'의 API를 공개했다. 세계의 어떤 개발자라도 이 API를
자유롭게 이용해 흥미로운 정보를 조합하거나 새로운 서비스를 개발
할 수 있도록 장치를 제공한 것이다.

다음날인 30일, 구글과 경쟁 관계에 있는 야후도 '야후 맵'의 API를
공개했다.

지도 검색 서비스의 데이터베이스를 개방한다는 것은 불특정 다수
의 개발자들을 무한정 끌어들여 지도와 관련된 서비스를 개발케 한
다는 것을 의미한다. 이렇게 하면 애초에 서비스 개발 장치를 제공한
기업은 상상도 못 했던, 다양한 용도의 지도들이 만들어져 더욱 널리
이용된다. 지도 검색 서비스의 API 공개는 그런 계산 아래 나온 것이
다. 컴퓨터 산업에서 OS의 API를 공개한 결과 다양한 응용 프로그램
이 잇따라 생겨난 것과 같은 구조이다. 본질적으로는 전혀 새로운 시
도가 아닌 셈이다. 차이가 있다면, 나카시마가 지적하듯 가능성의 공
간이 압도적으로 넓다는 사실이다.

구글 맵의 API 공개 1주일 후인 2005년 7월 6일 낮, 필자는 도쿄에
있었다. 임원으로 있는 (주)하테나의 시부야 하치야마(鉢山) 사무실에
서 젊은 엔지니어들이 뭔가를 개발하는 것을 지켜보고 있었다. 이따
금씩 환성이 터져나왔다. 궁금해서 물어보니 구글 맵의 API를 이용해

서 '하테나 맵'이란 서비스를 개발 중이라는 것이었다.

'하테나 맵'은 인터넷 지도상의 특정 장소에 사용자들이 관련 사진이나 글을 첨부할 수 있게 해주는 서비스다. 사람들이 지도상에서 재미있게 놀 수 있게 만들고, 거기서 파생되는 새로운 정보를 모두가 함께 즐기자는 취지로 만든 서비스다.

하테나는 자체 지도 정보를 갖고 있지 않다. 지도 관련 전문가도 없다. 그럼에도 불구하고 하테나의 개발자들은 구글 맵의 API 공개로부터 불과 1주일 만에 그런 서비스를 완성한 것이다.

낙담한 컴퓨터 업계의 장로

필자는 그날 밤 도쿄에서 인생의 대선배와 식사를 같이 했다. 그 선배는 일본 컴퓨터 산업의 여명기부터 활약해 온 분이다. 최근에는 은퇴해서 유유자적한 생활을 보내고 있다. 필자가 신출내기 컨설턴트 시절부터 신세를 져왔기 때문에, 새로운 일을 시작할 때마다 찾아뵙고 새 업무에 대해 알려드린다.

그날은 '하테나 맵'을 가져갔다. 일선에서 물러나긴 했지만 선배는 그 분야의 프로다. 빛나는 눈으로 필자에게 몇 가지 예리한 질문을 던지고는 힘없이 어깨를 축 늘어뜨렸다. 인터넷 '저쪽 편'에서 API가 공개된다는 것이 얼마나 위협적인 것인지 정확히 알아차렸기 때문이다.

대기업의 컴퓨터 시스템은 과거 수십 년에 걸쳐 만들어온 복잡한 시스템이 인터넷의 '이쪽 편'에 견고하게 구축되어 있다. 그래서 그들은 사소한 기능만 보강하려 해도 컴퓨터 제조업체나 SI(System

Integrator. 기업이 필요로 하는 정보 시스템에 관한 기획에서부터 개발과 구축, 나아가서는 운영까지의 모든 서비스를 제공하는 사람 또는 업체 - 옮긴이)에게 의뢰하며 엄청난 돈을 지불해야 한다. 인터넷 시대에 들어선지 벌써 10여 년이 지났건만, 이러한 구조는 여전히 무너지지 않았다. 그래서 컴퓨터 제조업체나 SI는 인터넷 시대와 치프(cheap)혁명에도 불구하고 별다른 타격 없이 오늘날까지 살아남은 것이다.

그러나 인터넷의 '저쪽 편'에서는 온갖 리소스가 자유자재로 융합되기 시작했다. 그것이 웹 2.0의 핵심이다. 하테나 맵 개발에 1주일밖에 걸리지 않는다면, 언젠가 '저쪽 편'의 비용은 '이쪽 편' 비용의 수만분의 1 수준으로 떨어지게 될 것이다.

선배는 그날 밤 이러한 비용 구조의 압도적 격차를 이해했고, 자신이 키워온 컴퓨터 업체의 앞날이 걱정된 나머지 어깨를 축 늘어뜨렸던 것이다.

다음날 필자는 한 기업의 최고경영진에게 미국 IT 업계의 최신 동향을 설명했다. '하테나 맵'을 보여주면서 구글에 대한 얘기도 했다. 그 업체는 시스템 개발에 거액을 투자하는 대기업이다. 최고경영진은 하테나 맵의 개발 비용이 얼마인지 물었다. 솔직히 얘기해 줬다.

"엔지니어 한 명이 5일간 그 일에만 매달렸지요. 임시로 엔지니어를 고용하지 않았고, 추가 비용도 들지 않았으니 개발비는 수십만 엔 수준입니다."

최고경영진은 믿으려 하지 않았다. 웹 2.0의 구조를 알지 못하면 당연히 그런 반응이 나온다. 물론 구글이나 야후는 이런 시스템을 개발하는 데 막대한 투자를 하고 있다. 따라서 '제로'에서 개발을 시작한다면 최고경영진의 생각이 옳다. 당연히 막대한 자금이 든다.

그 자리에 동석했던 시스템 부문 책임자는 "이건 장난감이잖아요"라며 끼어들었다. 그러나 그 책임자의 발언은 분명히 잘못된 것이다. 절대 장난감이라고 보면 안 된다. 제대로 작동하고 널리 활용될 수 있는 것임에도 불구하고, 공개된 API를 활용한 덕에 염가로 제작할 수 있었던 것뿐이다.

사실 시스템 책임자의 "이건 장난감이잖아요"라는 말은 이전에도 많이 들었던 표현이다. 1980년대에 개인용 컴퓨터가 등장했을 때 대기업 시스템 부문 종사자들은 이런 말을 줄기차게 해대며 자신들이 이미 한 세대 지난 기술에 여전히 막대한 투자를 하는 것에 대해 정당화했다.

"모든 대기업의 시스템을 계속 '이쪽 편'에서 폐쇄적으로 만들어야만 한다"는 가정이 옳다면, 장로의 걱정은 기우에 불과하다. 대기업이 '개방된 저쪽 편의 데이터나 서비스를 이용하려면 우리도 개방적이어야 한다'는 사고방식을 갖게 되리라고는 기대하기도 힘들다.

하지만 그런 개방성을 갖는 저쪽 편의 시스템과, 완전히 폐쇄적이어야만 하는 이쪽 편 시스템의 비용 차이는 장차 1만 배, 10만 배, 아니 100만 배 이상으로 벌어지게 될 것이다. 그것이 현실이다. 그 정도로 큰 격차가 발생한다면 경제 합리성이 작용하게 되고, 대기업의 정보 시스템도 서서히 저쪽 편의 '개방성'이란 키워드에 따라 움직이는 시대가 올 것이다. 치프혁명과 웹 2.0이 더 진전되면 IT산업은 또다시 격변을 맞을 것이다. 그런 일이 '앞으로의 10년' 동안 반드시 일어나고야 말 것이다.

인터넷 업체의 두 얼굴

롱테일과 웹 2.0은 표리일체의 관계에 있다. 키워드는 '불특정 다수 무한대의 자유로운 참가' 다. 그것이 인터넷상에서는, 아니 인터넷상에서 '만' 거의 '제로 비용' 으로 실현된다. 롱테일 현상의 핵심은 '참가의 자유와 자연도태가 보장되는 구조를 도입하면 그간 알지 못했던 가능성이 나타나고 롱테일 부분이 성장해 간다' 는 것이다. 그리고 이것을 기술적으로 가능케 하는 구조와 서비스를 개발하자는 생각이 바로 웹 2.0이다.

롱테일과 웹 2.0이 등장한 새로운 시대에 인터넷 열강의 역할은 무엇일까? 자신들을 롱테일 추구자라고 정의하는 구글의 CEO 에릭 슈미트(Eric Schmidt)는 롱테일을 추구하는 의미를 이렇게 표현하였다.

방대한 수(數)의, 그러나 하나하나를 놓고 보면 규모가 매우 작은 시장이 급성장하고 있다. 바로 그런 시장이 구글의 공략 목표다. 구글은 방대한 수의 소규모 업체 및 개인이 돈을 벌 수 있는 인프라를 준비하며, 롱테일 시장을 추구한다.

구글 등 인터넷 열강이 추구하는 롱테일이라는 것은 긴 꼬리로 연결되는 불특정 다수 무한대의 시장, 그러나 하나하나로는 규모가 작은 시장의 집합체다.

인터넷 열강이 자사의 데이터나 서비스를 개방하고, 그 주변에서 모두가 자유롭게 서비스를 구축함으로써 또다른 데이터나 서비스가 개발된다는 것은 어떤 의미를 갖는가? 롱테일을 추구할 기회가 모든 희망자에게 널리 열리게 된다는 것이다. 앞으로 인터넷 열강의 역할은 웹 전체에서 롱테일 추구의 연쇄작용을 일으키는 주체가 되는 것이다.

그러나 2005년 말까지도 일본의 인터넷 열강인 야후 저팬과 라쿠텐(樂天)은 웹 2.0의 개방성을 도입할 움직임을 거의 보이지 않았다. 그저 웹 1.0의 폐쇄된 공간에서 사업하는 데만 그치고 있다(단, 야후 저팬은 미국 야후 등의 영향으로 2006년 이후 대대적인 전략 전환을 단행할 가능성이 있다). 그들은 자사가 개발한 섬을 개방적 공간으로 전환할 생각이 없으며, 여전히 고립된 섬의 매력을 늘리는 것이 인터넷 사업의 본질이라고 생각한다. 그런 자세가 일본 웹 전체의 진화와 발전을 저해하고 있다. 야후 저팬 및 라쿠텐과 같은 서비스 제공자가 웹 1.0에 머물 경우 그들 주변에 롱테일을 가능케 하는 환경은 조성되지 않는다. 사업 기회도 생겨나지 않는다.

그 이유를 생각해 보자.

'인터넷 세계의 3대 법칙' 중 제2법칙인 '인터넷상에 만든 인간의 분신이 돈을 벌어주는 새로운 경제권' 이 태어나고, 그런 경제권이 크게 성장해 가는 것이 웹 전체의 진화와 발전에는 필수적이다. 이러한 새로운 가상 경제권은 구글의 애드센스 경제권을 제외하면 기타 인터넷 열강에 의한 어필리에이트(affiliate) 경제권이 주류다. 어필리에이트란, 웹사이트에 e커머스(전자 상거래) 사이트를 연결하고, 사용자가 그 웹사이트를 경유해 상품을 구입하면 사이트 관리자에게 보수가 지불되는 구조다. 어필리에이트 경제권은 웹 1.0 세계에서는 발전하지 못하며, 웹 2.0 세계가 조성되어야 크게 발전할 수 있다.

어필리에이트 구조를 일반 사용자가 이용만 할 수 있는지, 아니면 그 구조 위에 새로운 서비스까지 개발할 수 있는지에 따라 웹 2.0인지의 여부가 결정된다. 전자에 머물고 있는 한 웹 1.0이며, 후자까지 진척될 때에야 비로소 웹 2.0이라고 할 수 있다. 그 차이가 바로 웹 2.0의 핵심이다.

어필리에이트를 일반 사용자가 이용한다는 것은, 예를 들어 자신의 사이트에 라쿠텐의 상품을 링크시켜 소개해 놓아 자신의 사이트를 찾은 사람들이 링크를 경유해 라쿠텐 사이트로 들어가 상품을 샀을 경우 사이트 운영자인 자신에게도 이익이 떨어지는 구조다.

현재로서는 라쿠텐 상품을 링크시키려면 수동으로 하나하나 해야 하기 때문에, 롱테일 부분에 길게 늘어선 상품을 완벽하게 링크시킨다는 것은 불가능에 가깝다. 따라서 어느 정도 팔리는 상품을 골라서 링크시키게 되며, 비용 대비 효과를 올리는 방향으로 기울게 된다. 결국 '공룡의 머리' 식 사업이 되고 만다. '수동'이란 작업 형태 때문에 링크를 늘릴수록 시간 비용이 치솟게 되며, 롱테일을 추구할 수 없게 되는 것이다.

반면 아마존의 웹서비스는 프로그램을 통해 아마존의 모든 상품 데이터에 접근할 수 있다. 따라서 아마존이 다루는 모든 상품을 대상으로 하는 서비스를 쉽게 개발할 수 있고(즉 롱테일 추구가 단박에 가능하다), 웹 전체에서 연쇄적으로 롱테일 추구 활동이 벌어진다. 인터넷 열강인 대형 서비스 제공자가 웹 1.0 상태에 머물러 있다면 그 주변에 롱테일형 사업 기회는 생겨나지 않는다.

향후 인터넷 업체들은 일반 사용자에 대해서는 포털 사이트나 e커머스 등 서비스 제공자의 얼굴을, 개발자에 대해서는 서비스 개발용 플랫폼 제공자라는 또다른 얼굴을 가져야만 한다. 일반 사용자는 뉴스를 읽거나 물건을 사기 위해서, 그리고 개발자는 자신의 서비스를 개발하기 위해서 인터넷 업체의 서비스를 이용하는 형태를 추구해야 하는 것이다.

야후 저팬과 라쿠텐은 고립된 섬의 매력만 높이려는 기존의 태도에서 벗어나 서비스와 플랫폼이라는 두 가지 얼굴을 갖는 웹 2.0 기업을 추구해야 한다. 섬 곳곳에 누구라도 항구를 만들고 다리를 놓을 수 있도록 하는 근본적인 정책 전환이 필요하다.

블로그와 총總 표현사회

1 블로그란 무엇인가

100명 중엔 적어도 한 명의 재미있는 사람이 있다

블로그(Blog)가 늘어나고 있다.

블로그란 일기 형식의 개인 홈페이지다. 2005년 미국에서만 2천만을 넘었고, 일본도 500만에 달했다. 블로그의 어원은 웹블로그(Weblog＝웹의 기록)이다. 개인이 '인터넷에서 재미있게 읽었던 사이트를 링크시켜 느낌을 기록하는 것'을 이렇게 불렀던 것이 기원이다.

창조적인 글을 매일 쓰는 것은 어렵지만, 인터넷에서 발견한 재미있는 내용을 다른 사람에게 알리기는 쉽다. 그래서 누구라도 쉽게 블로그를 작성하게 된 것이다. '콜럼버스의 달걀' 같은 아이디어였는데, 사용하기 쉬워 엄청난 속도로 확산되고 있다.

블로그가 사회 현상으로 주목받게 된 이유는 두 가지다.

첫째, 질적으로 향상됐기 때문이다. 세상에는 단 한 번도 자신의 의견을 공표한 적이 없는, 그러나 재미있는 사람들이 수없이 많다. 그런 사람들이 지금까지는 자신의 의견을 손쉽게 발표할 도구를 갖지 못했다. 독자적인 정보력과 해석력을 갖추고 제1선에서 일하는 다양한 직업인들이 "한번 해보자"며 정보를 띄우기 시작한다면 그 내용은 신선함과 흥미로 가득 차게 될 것이다. 블로그의 수가 수만 개였던 과거와 수백만 개로 늘어난 지금은 블로그의 질이 전혀 다르다.

모집단이 수백만 혹은 수천만이라는, 사실상 무한대에 가까운 숫자에 근접해 가면 모집단의 1퍼센트만 해도 수만에서 수십만에 달하게 된다. 0.1%라도 수천에서 수만이다. 모집단에 어중이떠중이가 섞여 있다 쳐도 이 정도로까지 규모가 확대되면 의미 있고 재미있는 블로그의 절대수도 역치(閾値. 반응을 일으키게 하는 최소한의 자극 강도-옮긴이)를 넘게 된다.

상위 1퍼센트라는 것이 어떤 것인지 예를 들어보자.

'대학교 대형 강의실에 앉아 있는 500명의 학생 전원이 블로그를 만들고, 그 중 가장 재미있는 것 다섯 개를 뽑는다.'

이것이 바로 상위 1퍼센트의 의미다. 따라서 상위 1퍼센트의 블로그가 신선함과 흥미로운 내용으로 가득 차리라는 것은 너무도 당연한 일이다.

역으로 말하자면 그간 세상에 의견을 발표해 온 사람들이 얼마나 '한줌'에 불과한 소수였는지 알 수 있다. 하지만 이제 비즈니스나 기술, 문화 등의 영역에서 정보를 발신하려는 의욕이 일반인들 사이에서도 서서히 높아간다는 점이 블로그의 본질을 이해하는 데 중요한 포인트다.

고교 시절 혹은 대학 시절의 친구들을 한번 떠올려보자. "우리 또래치고는 엄청난 녀석이야", "저 녀석은 정말 대단한 기술자야. 천재란 바로 저런 녀석을 두고 하는 말이지", "쟤는 정말 머리가 좋아. 그렇게 많은 책을 읽으니 모르는 것도 없고", "저 여학생은 보통 때는 눈에 띄지 않는데 가끔씩 깜짝 놀랄 만한 시각으로 신선한 발언을 하네."

누구라도 이런 친구를 한두 명은 떠올릴 수 있을 것이다. 하지만 이러한 천재 중에서 지금까지 세상을 향해 자신의 목소리를 낸 적이 있는 사람이 얼마나 될까?

블로그의 옥석을 구분하는 기술

블로그는 누구나 자유롭게 참여할 수 있다. 그 결과 옥석(玉石)이 섞이게 된다. 그것도 돌의 비율이 압도적으로 높다. 따라서 블로그를 읽는 사람이 옥석을 구분해야 하는 번거로움이 있다. 효율로만 따지자면 프로들이 편집한 신문이나 잡지를 읽는 편이 낫다. 인터넷 시대가 온 지 10년여, 그간 미디어 분야에서 인터넷의 영향력이 제한적이었던 것은 바로 이 옥석 구분의 문제 때문이었다.

바로 여기서 블로그가 사회 현상으로 승화할 수 있었던 두번째 이유가 나온다. 즉 IT의 발달로 옥석 구분 문제를 해결하는 기술이 개발될 실마리가 발견된 것이다. 아마도 이 문제만 해결된다면 아마추어 필자들의 참여가 더욱 늘어나게 될 것이다. 즉 사람들이 블로그에 몰리게 되면 '아무리 글을 써봤자 읽는 사람이 없을 것'이라는 생각이 '글을 쓰면 반드시 누군가에게 나의 메시지가 전달될 것'이라는 생각으로 바뀌게 될 것이다. 그리고 그런 식의 의식 변화가 또다시 블로그를 확대하는 선순환을 낳을 것이다.

블로그의 확산을 초래할 IT의 발달 내지는 기술이란 어떤 것일까?

첫째는 구글에 의해 달성된 검색 엔진의 눈부신 발달이며, 둘째는 자동 편집 기술이다.

구글의 검색 엔진이 현재 하고 있는 일은 지식 세계의 질서 재편이다. 모든 언어의 모든 조합에 대해 가장 적합한 정보를 찾아주는 것이 검색 엔진이다. 어떤 사안에 대해 같은 관심을 갖고 있는, 하지만 서로 알지 못하는 필자와 독자가 검색 엔진에 입력하는 '언어의 조합'

을 통해 만날 수 있게 된 것이다.

한편으로 블로그와 관련해 광의의 자동 편집 기술, 즉 마음에 드는 블로그의 갱신을 지켜보는 구조, 블로그의 내용에 대해 독자들이 의견이나 감상을 적는 구조, 글 쓰는 사람들의 관계를 증진시켜 주는 구조, 독자가 관심을 가질 만한 블로그를 찾아주는 구조 등이 나날이 발전하고 있다.

물론 수준 높은 블로그가 늘어나는 한편으로는 관심을 끌지 못하는 블로그도 그 천 배 이상 늘고 있다. 또 질은 높지만 대다수 독자의 관심과는 동떨어진 주제를 다루는 블로그도 많다. 이런 상황에서 어떻게 해야 한정된 시간에 재미있고 의미 있는 것을 효율적으로 찾을 수 있느냐 하는 것이 블로그 이용의 관건이다. 자신에게 의미가 있는 것만을 자동적으로 추출하는 기술을 바라는 목소리가 높아지고 있으나 아직 실현되지는 않은 상태다.

블로그 붐의 기술적 배경

이번 장 첫 부분에서 '블로그는 일기 형식의 개인 홈페이지' 라고 다소 애매하게 정의했다. 블로그가 붐을 이룬 배경에는 어떤 기술적 플랫폼이 있었던 것일까.

블로그는 기술이 만들어낸 혁명적 돌파구는 아니다. 하지만 과거에 개인들이 운영하던 일기 형식의 홈페이지와 비교하면 두 가지 큰 기술적 변화가 있다.

첫번째는 글을 콘텐츠 단위로 싣는 블로그의 구조다. 즉 개개의 글에 고유의 어드레스(URL)가 부여된 것이다(이것을 Permanent Link의 줄임말인 퍼머링크라고도 부른다). 개개의 글에 고유한 주소가 부여되면, '해리의 블로그' 혹은 '마이클 씨의 웹사이트' 라는 식으로 수많은 정보가 한 뭉텅이로 섞이는 것이 아니라, '제임스 씨의 블로그 중 3월 24일자 글'이라는 식으로 정확하게 끄집어내어 소개할 수가 있다. 웹사이트 전체 내용이 바뀌어도 한번 부여된 글의 주소는 바뀌지 않고 링크가 영원히 지속된다. 웹사이트 단위보다 좀더 작게 분류된 개개의 글이 블로그의 기본 단위다. 역시 콜럼버스의 달걀 같은 것이지만, 이 첫번째 기술적 변화가 갖는 의미가 작지 않다.

두번째 기술적 변화는 RSS다. RSS는 'Really Simple Syndication' 혹은 'Rich Site Summary'의 약자인데, 웹사이트의 갱신된 정보를 요약해 인터넷으로 띄우기 위한 문서 포맷을 말한다. RSS라고 불리는 오래 된 술(=기술)이 블로그라는 새로운 술병(=구조)에 담겨서 그 둘의 조합이 완전히 새로운 가능성을 개척한 것이다.

웹사이트는 매우 수동적인 미디어다. 사이트의 내용을 갱신해도 누군가가 찾아와 갱신된 내용을 찾아내지 않는 한 사람들은 그 사실을 모른다. 따라서 갱신된 정보를 요약해서 띄운다는 것은 정보를 능동적으로 인터넷상에 알릴 수 있게 됨을 의미한다. 그 결과 블로그에 새로운 글을 쓰거나 사이트가 갱신될 때마다 RSS 포맷의 정보(RSS Feed)가 인터넷에 자동적으로 뜨게 되는 것이다.

블로그에 글을 쓰는 사람 중에서 이런 기술의 내용을 자세히 아는 사람은 거의 없지만, 이제 인터넷에는 글의 수만큼 RSS 피드가 넘쳐 흐르고 있다. 포맷이 RSS란 형식으로 표준화되어 있기 때문에 누구라도 인터넷에서 그 글을 받아 저장하거나 가공하고, 서비스를 개발할 수 있게 되었다. 정보의 자기 증식 및 전파 메커니즘의 싹이 블로그와 RSS의 조합으로 탄생한 것이다.

미국인의 블로그는 자기 주장을 위한 도구

미국의 블로그는 미국 문화 그 자체라는 생각이 든다. 미국인은 블로그에 실명으로 글을 쓰는 경우가 많고 일본인은 익명이 많다.

미국에 살면서 느끼는 것은 미국인은 자기 주장이 강하다는 것이다. 미국인들에게는 '나는 타인과 다른 독창적인 일을 해야 한다'는 강박관념이 있다. 그들은 끊임없이 "나는 이런 인간이다", "나는 이렇게 생각한다"고 말하며, 블로그 역시 그런 자기 주장을 위한 도구로 사용하는 경우가 많다. 모든 것이 직설적이다.

미국과 일본의 전문가를 비교하면, 일본 전문가들은 엄청나게 많은 지식을 갖추고 있는 경우에도 생산(=output)이 적다. 자신이 아는 것쯤은 이 세상의 대다수 사람이 알고 있을 것이라고 생각하고 발언을 자제하려 한다. 반면 미국 전문가들은 별것이 아닌데도 과감히 발언한다. 옥석이 섞여 있기는 하지만 쉴새없이 볼을 던져댄다.

또 실리콘밸리의 개방적인 문화는 블로그와 매우 잘 어울린다. 일본과 실리콘밸리 양쪽을 모두 잘 아는 요시오카 히로다카(吉岡弘隆. 미라클 리눅스 임원) 씨는 자신의 블로그에 이런 내용을 적어 놓았다(http://d.hatena.ne.jp/hyoshiok/20050427 참조).

실리콘밸리에서 일할 때, 입사 첫날 NDA(비밀 준수 계약)에 서명했다. 그 내용 중에는 상식 범위 내에서의 수비(守秘) 의무, 즉 비밀을 지킨다는 의무 사항이 포함되어 있다.

스탠퍼드 대학의 데이터베이스 그룹은 매주 금요일 오후에 공개 세미나를 연다. 기업측 인사가 다양한 주제로 발표를 하는데, 오라클이나 IBM, 마이크로소프트 등 벤처 기업 기술자들이 자유롭게 참석해 토론한다. 질문하는 데 그치지 않고 '당신은 그렇게 했지만 나는 이런 실험을 해서 이러이러한 장비를 만들었다. ○○라는 조건하에서는 내가 만든 장비가 유리하다고 생각하는데 당신의 의견은 어떠한가?' 등등 진검승부와도 같은 논쟁을 벌인다.

수비 의무? 이런 상황에서 도대체 그 조항이 무슨 의미가 있을까. 물론 제품 출하 계획이나 고객 민원 처리 등은 화제로 오르지 않지만 기술에 관한 논쟁은 거의 적나라하게 공개된다. 세부적인 내용을 감춰봤자 소용 없다는 식의, 즉 실리콘밸리 정도의 수준이라면 공유해도 좋은 것 아니냐는 암묵의 양해가 있는 것이 아닌가 하는 생각이 들 정도로 공개적이다. (중략)

자기 주장을 끊임없이 전개하고 자신을 강력히 주장하는 그들의 행동이 사람을 피곤하게 만드는 것도 사실이다.

공개적인 문화와 자기 주장을 펴는 문화가 조합되어 하나의 소프트웨어로 발현한 것이 미국의 블로그다.

물론 미국은 미국식의, 일본은 일본식의 블로그 문화를 발전시키면 되는 것이다. 교양 있고 수준 높은 일본의 중간층은 미국을 압도한다. 반면 미국은 상층부가 블로그를 이끌어간다. 일본은 공개적인 문화에 적응한 젊은 세대와 교양 있는 중간층이 함께 블로그 공간을 윤택하고 풍요롭게 만들어갈 것으로 보인다.

2 총 표현사회의 3층 구조

미디어 기득권층은 왜 블로그를 미워하는가

문장, 사진, 말, 음악, 그림, 영상……. 표현 행위는 이런 순서로 확대되어 간다. 그것이 총 표현사회이다. 블로그는 그런 미래에 관한 서막을 보여주는 것이다.

치프(cheap)혁명 덕분에 사람들은 자신의 의견을 쉽게 널리 알릴 수 있게 되었다. 전에는 이것이 극소수의 사람만이 누리는 특권이었다. 신문이나 잡지에 글을 쓰고 라디오에서 자신이 만든 음악을 틀거나 TV에 출연해 말하는 것, 그림책을 펴내고 영화를 제작해 전국 극장에서 상영하는 것……. 이런 일을 할 수 있는 사람은 한줌에 불과했다. 이런 활동을 하려면 방송국이나 출판사, 영화사, 신문사 등 미디어 조직에 소속되든가, 미디어 조직이 받아들일 수 있는, 사회적으로 인정된 절차를 밟아야만 했다. 이것이 기존 미디어에 권위가 부여된 배경이다.

롱테일을 예로 들자면, 지금까지 미디어 조직은 롱테일의 '공룡의 머리' 부분을 장악해 왔다. 전문가로서 표현 행위를 해도 좋은 사람은 어떤 사람인지, 국민 중에 누가 공룡의 머리 부분에 해당하는 표현자인지 등등 전문가에 대한 '승인권'은 미디어 조직이 장악하고 있었다. 수많은 '표현자 예비군'은 거의 표현할 기회를 부여받지 못했다.

그러나 블로그의 등장으로 롱테일 부분에 속한 표현자들에게 혜택이 돌아가기 시작했다. 지금까지는 미디어가 표현자 공급량을 능숙하게 조절해 왔지만, 롱테일 부분 표현자의 자유 참여를 허용하는 블로그가 출현함에 따라 콘텐츠 전체의 수급 균형은 붕괴되기 시작했다.

기득권을 부여받은 미디어와, 그 미디어에 의해 권위를 인정받은 표현의 기득권자들은 이런 상황에 민감하게 반응할 수밖에 없다. 그들은 위기감을 느낀다. 블로그가 펼칠 '앞으로의 10년'이 이러한 권위 구조를 붕괴시킬 것이라는 예감이 든다. 민감한 사람이라면 그런 미래상을 이미 눈치챘을 것이다.

존립 기반을 위협당하는 상황에서 기득권층이 블로그에 대해 보이는 반응은 각양각색이다. 전체적으로는 웹 사회의 부정적인 면을 강조한다. 이는 위기감을 표출하는 방식의 하나다. 인터넷의 새로운 현상을 거론할 때면 선과 악 중 '악'에, 청과 탁 중에서 '탁'에, 가능성과 위험이라면 '위험' 쪽에 초점을 맞추고 강조한다. "세상에 경종을 울리는 것이 자신들의 역할"이라는 주장을 펴는 것도 그런 위기의식 때문이다.

블로그는 저널리즘의 본질인 '세상에서 일어나는 일에 시선을 모으게 하고, 귀 기울이게 하고, 의미를 부여해서 전달한다'는 사명을 실현하는 구조가 모든 사람에게 개방된 것이기 때문에 기자들의 마음은 불안으로 가득 차 있다. 그런 불안감은 극히 자연스러운 것이다.

미디어의 기득권층은 수백만 수천만의 표현 예비군이 블로그를 통해 발언권을 갖게 되었을 때 인터넷 세계의 특징인 옥석이 뒤섞인 상황 중에서 '돌' 부분을 지적하기만 하면 되었다. "블로그의 글 대부분은 쓰레기"라는 것이 비판의 단골 메뉴였다.

그러나 돌을 버리고 옥을 추출해 내는 기술이 진화하는 것을 목격하면서, 이제는 옥에 주목하지 않을 수 없게 되었다. 돌을 돌이라고 비판하는 것은 간단하지만 옥을 옥이 아니라고 말하기는 괴로운 일이다. 그래서 요즘은 돌의 나쁜 점을 과장하거나, 옥석이 뒤섞여 있는 상황에서 옥을 찾아낸다는 것이 얼마나 불편한지를 장황하게 주장하고 있다. 그러나 기득권층이 지적하는 문제를 해결해 줄 기술이 나날이 발전하고 있다.

기존 미디어의 권위가 본격적으로 흔들리는 것은 지금부터다.

'불특정 다수 무한대'는 중우(衆愚)다?

이 책 전체를 관통하는 핵심 키워드 중 하나가 '불특정 다수 무한대'다. 인터넷이나 블로그에 대한 비판 중 대표적인 것이, 불특정 다수 무한대가 참가하면 '중우(衆愚. 어리석은 다수-옮긴이)'가 되고 만다는 것이다. 이것은 뿌리 깊은 편견으로, '인터넷상의 불특정 다수 무한대를 신뢰할 수 있느냐'하는 문제와 밀접하게 관련되어 있다.

중요한 것은 '엘리트 대 대중'이라는 복층 구조가 아닌 3층 구조로 총 표현사회를 봐야 한다는 것이다. 글이라는 표현 행위를 예로 들어 보자. 어떤 나라의 총인구를 1억 명이라고 하고 그 중 미디어 기득권층이 1만 명이라고 하면 기득권층은 1만 명당 한 명이라는 계산이 나온다. 복층 구조에 따라 그림을 그려보면 두께 10m(정확히는 9.9999m)의 대중 위에 두께 1mm의 엘리트층이 올라타 있는 그림이 완성된다. 제3장에서 롱테일의 그림을 그리지 않았던 것과 마찬가지로 이 그림도 삽화로는 제대로 표현할 수 없다.

필자는 이 두 계층 사이에 총 표현사회 참가자층을 추가해야 한다고 본다. 기득권층인 1만 명도 총인구인 1억 명도 아닌, 블로그를 통해 표현사회에 '데뷔' 하게 된 500만 명 또는 2천만 명의 층. 1만 명 중 한 명 정도의 적은 수가 아니라 열 명에 한 명 또는 스무 명에 한 명 정도인 사람들의 층. 이들이 바로 총 표현사회의 등장에 따라 부상하고 있는 계층이다.

'불특정 다수 무한대의 참가는 우매한 대중문화를 낳는다' 는 생각이 뿌리 깊은 기득권층에게 나는, "백번 양보해서 그 생각이 옳다고 쳐도, 그 숫자가 총인구인 1억 명이 아닌 불과 1천만 명에 불과해도 중우라고 부를 것이냐?" 라고 묻고 싶다.

'finalvent' 라는 필명으로 일본에서 대단한 인기를 모으고 있는 블로거(블로그 작성자)가 있다. 그가 자신의 블로그에 '블로그와 전문성' 이라는 제목의 글을 올렸다(http://d.hatena.ne.jp/finalvent/20050428/1114672684 참조).

필요한 것은 전문 문장가가 아니라 전문적인 것을 전달하는 문장가이다. 쉽게 말하자면 전문가와 일반인을 연결하는 블로그이다. (중략) 전문성은 바로 권위다. 전문적인 것을 알기 쉽게 대중에게 알리겠다는 것은 권력층의 구상일 뿐이며, 실패한 구상이다. 블로그가 이를 되풀이한다면 의미가 없다. 그와는 다른 방향성을 가져야 한다고 본다. 그것은 아마도 특정한 연대 형태를 구축하는 것이 될 것이다. 특정한 사회적 합의 형성의 연대. (중략) 구체적으로 말하자면, 예를 들어 북한의 일본인 납치나 중국의 반일 문제에 대해 목청 돋우어 주장할 필요는 없다. 또 특정 의견이나 특정 논자를 꼭 신봉할 필요도 없다. 과거, 대중의 건전한 상식은 그런 경우 대개는 의견을 밝히지 않았다. 그러나 그러한 침묵은 실제적으로는 사회적 연대를 갖고 있었다. 현대에는 그것이 없다. 현대의 실체적 사회에서는 그런 대화가 오가지 않으며 그것을 부활시킬 수도 없다. 이런 상황에서 블로그는 일반적이고 상식적인 연대를 형성할 수 있을 것이다. 인터넷에 떠 있는 글을 읽으며, '아! 그러네' 라는 식으로 의식을 재확인하는 식의 연대가 있을 수 있다.

편안하게 쓴 글이지만 블로그의 본질을 날카롭게 꿰뚫고 있다. 바로 이 '아! 그러네'와 같은 연대 의식이 1천만 명의 총 표현사회 참가자층 내부에서 생겨난다면, 새로운 표현 가능성이 열릴 것이다.

블로그의 영향력

2005년 9월 11일의 총선에서 여당인 고이즈미(小泉)의 자민당이 압승했다.

"한 달 전 고이즈미 총리가 국회를 해산했을 때 정치권에서 자민당 압승을 예상한 사람은 한 명도 없었습니다. 고이즈미 총리 자신만이 압승을 확신했었지요."

고이즈미 압승 직후 정치부 기자(=정치의 프로)가 이런 말을 하는 것을 들은 것이 총 표현사회를 3층 구조로 생각하는 계기가 되었다. 사실 필자는 국회 해산과 거의 동시에 고이즈미 압승을 예감했다. 총선 결과가 나온 뒤에 이런 말을 한다는 것은 아무 의미도 없는 일이지만, 필자는 오랜 친구 몇 명에게 이미 고이즈미의 압승을 예측하는 메일을 보내 '예감의 증인'을 만들어놨었다. 정치권이나 정치의 프로, 즉 정치 엘리트층 대다수는 예견하지 못한 것을 필자는 어떤 정보와 논리로 이끌어낸 것일까.

필자는 정치를 논하는 데 엘리트층은 아니다. '정치 프로'와는 거리가 멀고, 친구들 중에도 정치의 프로가 없다. 그러나 미국에 살면서도 일본 TV 채널은 모조리 보고, 그러고도 부족한 일본에 관한 정보는 인터넷에 의존하고 있다.

필자는 총선 결과에 관심이 있었기 때문에 국회 해산과 동시에 일본의 블로그 공간에 뜬 내용들을 열심히 읽었다. 나름대로 정보를 분별하는 능력은 있기 때문에 몇 시간 만에 대략적인 감을 잡을 수 있었다. 그리고 놀랐다. 고이즈미에 대한 지지율이 엄청나게 높았기 때문이다. 물론 블로그를 모두 읽을 수도, 필자 자신의 편견이 개입되는 것을 막을 수도 없다. 하지만 그런 점을 감안하더라도 고이즈미를 지지하는 목소리는 비정상적으로 높았다. 특히 '나는 민주당을 지지하지만 이번만은 고이즈미다'라는 내용이 눈길을 끌었다. 필자는 고이즈미 지지 바람이 강하게 불고 있다는 사실을 감지했다.

그때, 다소 드문 일이기는 한데, 어머니가 국제 전화를 했다. 얘기의 핵심은 "이번 선거에서 누구를 찍어야 하느냐"는 것이었다. 필자는 정치의 프로는 아니지만 가족과 친척 등으로 구성된 소규모 커뮤니티 사람들로부터 정치에 대한 상담을 요청받아 왔고, 필자의 조언은 나름대로 평판을 얻고 있었다. 어머니에게 이번에는 고이즈미를 지지해야 한다고 말했다.

고령자와 어린이를 포함해 커뮤니티 구성원 10명 중 한 명꼴로 필자를 신용해 줬고, 그런 신용을 토대로 커뮤니티에 작은 영향력을 행사해 왔다. 필자는 불현듯 '이런 일이 혹시 필자의 커뮤니티뿐 아니라 일본의 다른 곳에서도 일어나고 있는 것이 아닐까' 라는 생각이 들었다. 총 표현사회에 참가하는 계층은 블로그 공간에서 영향을 받아 판단하고 현실 세계에서도 대중에게 나름의 영향을 미친다. 고이즈미의 압승은 그런 연쇄반응이 일어난 최초의 사례라고 볼 수 있지 않을까.

3 옥석 구분의 문제와 자동 질서 형성

검색 엔진의 능동성이 갖는 한계

표현자 집단이 수백만 또는 수천만에 달할 경우 옥석을 가려야 하는 문제가 발생한다. 그래서 기술을 통해 이 문제를 해결하려는 노력이 계속되어 왔다.

바쁜 현대인에게 가장 귀중한 자원은 시간이다. 옥석이 뒤섞인 수많은 정보 속에서 옥을 찾는 작업에 시간을 허비하거나 정열을 쏟을 수 있는 사람은 한가한 사람뿐이다. 그리고 한가한 사람이 아무리 "블로그는 재미있다"고 난리를 쳐도, 바쁜 사람에겐 설득력 없는 얘기일 뿐이다. 바쁜 사람들에게 옥을 발견하는 데 투자할 시간 따위는 없다. 따라서 이 문제를 해결할 수 있는 대대적인 기술 혁신이 이뤄지지 않는다면 신문과 잡지 등 기득권 미디어에 대한 의존이 계속될 것이다.

총 표현사회 = 치프(cheap)혁명×검색 엔진×자동 질서 형성 시스템

이런 방정식으로 블로그와 총 표현사회의 미래를 전망해 보자.

우선 '무어의 법칙'에 의해 치프혁명은 계속될 것이다. 따라서 갈수록 표현자에게 참여의 문턱은 낮아진다. 표현하는 데 필요한 온갖 도구를 저렴한 비용으로 갖출 수 있게 될 것은 자명하다.

문제는 방정식 오른쪽의 제2항(= 검색 엔진)과 제3항(=자동 질서 형성 시스템)이다.

옥석을 구분하기 위한 첫번째 기술적 돌파구는 검색 엔진이다.

우리들이 뭔가 알고 싶을 때면 바로 검색 엔진을 활용한다. 그런 행동은 이미 생활 패턴으로 정착했다. 특정 사안에 대해 관심을 공유하는 필자와 독자들이 검색 엔진에 입력된 '언어의 조합'을 통해 만나는 것까지는 가능해졌다.

그러나 검색 엔진은 능동적인 미디어다. 즉 능동적인 사람일수록 효율성이 높은 정보를 얻을 수 있다. 문제 의식과 목적 의식이 명확한 사람, 알고 싶은 것이 넘쳐나고 특정 사안을 조사하려는 욕구가 강한 사람에게 검색 엔진은 멋진 도구다. 그러나 이것은 동시에 이용자가 소극적일 경우에는 효율이 떨어지게 된다는 의미다.

TV나 신문, 잡지 등 미디어의 본질은 수동성이다. 재미있는 것, 알아야 할 것, 도움이 되는 화제 등을 친절히 제공해 주는 것이 매스 미디어다. 그래서 상대가 소극적이건 적극적이건 상관없이 인구 전체를 대상으로 한 거대한 미디어 산업이 가능한 것이다.

치프혁명과 검색 엔진은 기술이 확립되어 그 가능성이 증명되었다. 그러나 이 정도의 기술 혁신으론 전체 인구 중 소수에 불과한 '한가한 사람'과 '능동적인 목적 의식을 가진 사람'만이 표현자가 될 수 있을 뿐이다. 구글의 검색 엔진은, '검색어'조차 입력하지 않는 사람에겐 아무것도 제공해 주지 않는다. 결국 제3항인 '자동 질서 형성 시스템'이 수동성 문제를 해결해 주지 않는 한 총 표현사회는 환상에 불과하다.

참여의 자유가 보장되는 치열한 경쟁 사회

검색 엔진도 자동 질서 형성 시스템의 하나다. 그러나 입력되는 것이 없으면 출력되는 것도 없다. 그렇다면 '검색어'를 대신할 입력이란 무엇일까. 검색어 대신 입력 기능을 수행하는 기술 혁신의 출현에 기대가 모이고 있다.

우선 리얼타임성에 주목하는 방법이 있다. 인터넷 사이트는 시시각각 글이나 정보가 올라오는 등 쉴 사이 없이 변화하고 있다. 결코 정지 상태가 아니다. 구글 역시 과거 특정 시점의 인터넷 상태를 보존하고 그 정보를 계산한다. 엄밀히 말하자면 리얼타임은 아닌 것이다. 한시간 전에는 존재하지 않았지만, 바로 이 시각 많은 사람이 주목하고 있는 정보가 무엇인지 자동적으로 알아낼 수 있다면, 속보성 높은 정보에 대한 '자동 질서 형성 시스템'이 가능할지도 모른다.

예를 들어보자. '나'와 '당신'은 다르다는 기본 전제, 즉 사람들의 관심이 다르다는 점에 주목하는 것이다. 사람마다 원하는 정보가 다르다. 여기서 나와 당신의 다른 점이 무엇인지를 규명한다. '나와 당신은 누구의 친구인가, 그 친구와 어느 정도 친하고 어떤 관심을 공유하고 있는가, 무엇을 좋아하는가, 과거 무엇을 읽었는가, 누구를 신뢰하는가……' 이런 개인 정보를 치밀하게 입력한 뒤, 세상의 변화와 입력된 정보를 조합해 그 개인에게 딱 맞는 정보를 흘려주는 것이 가능할지 모른다. 그것이 바로 '자동 질서 형성 시스템'이라고 불리는 것이다.

개인화(personalization. 개인별로 맞춤 정보를 제공한다는 의미)나, 소셜 네트워킹(social networking. 사람들 간의 연결을 전자화하는 서비스. 다음 장에서 설명) 등의 새로운 시도를 자동 질서 형성 시스템이라는 측면에서 볼 때는 다음과 같이 평가할 수도 있다.

"'검색 엔진의 능동성이란 한계를 어떻게 넘느냐' 하는 과제, 그러한 과제에 대한 도전은 아직 시작 단계에 불과하다."

그렇다면 시행착오 끝에 '자동 질서 형성 시스템'이 실현된 세상은 어떤 모습일까.

모집단 규모가 수백만, 수천만에 달하는 표현자들 중에서 리얼타임으로, 혹은 개인의 기호에 맞게 옥을 분류해 내고 필요한 곳에 정보를 보내는 세계다. 표현자측 입장에서 보자면, 전국 고교 야구 대회 본선 진출팀을 선발하는 지역 예선에 모든 학생이 참가할 수 있는 시스템이 마련되는 것과 마찬가지다. 그런 시스템이 1년 365일 열려 있다. 즉 참여의 자유가 100퍼센트 보장되는 대신, 항상 치열한 경쟁을 치러야 하는 사회가 오는 것이다. 이는 수요와 공급 사이의 균형이 붕괴되고, 콘텐츠 간의 자유경쟁이 치열한 세계다. 서장에서 밝힌 '누가 진정한 프로인지를 인정하는 권위가 기존 미디어에서 구글을 비롯한 기술로 옮겨간다'는 것은 그런 의미다.

총 표현사회와 멀티미디어

총 표현사회 실현의 핵심인 '검색 엔진×자동 질서 형성 시스템'에는 커다란 난관이 있다.

바로 멀티미디어다.

표현 행위가 텍스트 정보가 아닌 사진이나 음악, 영상 등 멀티미디어를 사용한 것일 경우 '검색 엔진×자동 질서 형성 시스템'은 아직 실현 불가능하다. 그것이 현실이다.

거기에는 두 가지 이유가 있다.

첫째, 텍스트 정보와 달리 멀티미디어 정보는 분류 자체가 어렵다. 검색 엔진은 인터넷상의 정보를 분류 정리할 때 단어를 기준삼아 분류한다. 그러나 멀티미디어 정보를 처리하는 것은 텍스트 정보 처리에 비해 몇 단계 어려운 난제이며, 아직은 결정적인 기술 혁신이 나타나지 않은 상태다.

둘째 이유는 사용자측의 요구가 간단치 않기 때문이다. 사용자들은 문장 정보의 취사선택에는 익숙하다. 정보가 문장일 경우 많은 사람이 옥석을 구분할 능력을 갖고 있다. 그래서 구글이 제시하는 '검색 결과 랭킹 20위'를 한번 훑어본 뒤 자신에게 필요한 '옥'을 쉽게 구별해 낸다. 구글이 완벽하지 않다는 것을 비난하지 않으며, 미숙한 부분은 자신의 능력으로 보완한다. 심지어 랭킹 20위까지 검색해 낸 구글의 능력을 칭찬하기까지 한다.

하지만 멀티미디어 정보로는 이런 일이 불가능하다. 검색어를 입력해서 20개의 결과가 제시되었다고 하자. 그 결과물이 20개의 영상물일 경우 어떻게 될까. 브로드밴드 대용량화로 다운로드 시간이 단축되었다 해도, 그 내용이 좋으냐 나쁘냐 하는 것은 시간을 투자해서 직접 보지 않으면 알 수 없다. 검색 엔진이 추천한 영상물 중 상당수가 수준 이하라면 '금쪽같은 시간을 허비했다'며 화를 낼 것이며, 이후로는 '검색 엔진×자동 질서 형성 시스템'을 거들떠보지도 않게 될 것이다.

제2장에서 구글은 철저히 기술 지향적이고, 야후는 인간의 개입을 중시하는 회사라고 소개한 바 있다. 텍스트 정보까지는 구글의 기술 혁신이 야후를 능가했지만, '총 표현사회의 멀티미디어화' 무대에서는 양상이 완전히 달라질지도 모를 일이다.

소비자 천국, 공급자 지옥의 총 표현사회

기존 미디어에는 한 가지 장점이 있다. 권위 있는 미디어가 인정해 준 프로는 '의식주에 걱정이 없다'는 점이다. 그러나 새로 태어날 표현사회에서는 의식주를 보장받을 가능성이 적어 보인다.

"재미있지만 두렵다."

프로로 인정받아 '밥을 먹고 사는' 사람들은 다가올 표현사회에 대해 그런 두려움을 갖고 있다. 당연하고 자연스러운 일이다. 치열한 경쟁이 벌어지는 반면, 생활은 보장되지 않는 세계가 될 듯하다. 소비자 천국, 공급자 지옥의 세계다.

새로 탄생할 총 표현사회는 어느 정도의 수입을 보장해 줄까?

2005년 말 현재 일본의 인기 블로그 작가가 자신의 블로그를 통해서 직접적으로 얻을 수 있는 수입은, 어필리에이트와 애드센스를 조합하고 엄청나게 노력해도 월 10만 엔이 최대치일 것이다. 용돈이 아니라 생활을 해결하기 위해 블로그를 운영하는 사람에게는 암울한 세상이다.

그런데 구글의 애드센스는 전세계적으로 하나의 시스템으로 통합되어 있다. 현실 세계에서는 지역 간 경제 격차가 존재하나, 애드센스의 세계에서는 지역 간 경제 격차가 없다. 그리고 애드센스가 활용할 수 있는 자본은 주로 선진국 기업이 지불하는 광고비로 형성되어 있다. 즉 달러나 유로화로 애드센스 경제권이 구축되어 있다. 따라서 영어권 중 생활비가 싼 개발도상국 사람들은 애드센스를 통해 상대적으로 많은 돈을 벌 수 있다. 인터넷 세계에서 정보를 공급하는 일로 매달 500달러를 번다는 말은, 개발도상국이건 선진국이건 마찬가지로 한 달에 500달러를 번다는 것이다. 즉, 해당 사이트를 개발도상국 사람들이 운영하건 선진국 사람들이 운영하건 같은 액수가 지급되는 것이다.

결국 애드센스에 의해 큰 도움을 받는 것은 개발도상국 사람임을 알 수 있다. '세계를 더욱 좋은 장소로 만든다', 혹은 '경제적 격차를 시정하는 것을 목표로 한다'는 구글의 선언은 이를 두고 한 말이다. 선진국에서는 공급자 지옥으로 보이는 구조도, 개발도상국에서는 은혜인 것이다. 이 새로운 부의 분배 메커니즘이 영어권 개발도상국 사람들의 생활에 미치는 영향은 막대하다.

문제는 생활비가 비싼 선진국에서도 이런 구조가 성장하고 확산될지 여부다. 전망은 엇갈린다. 필자는 새로운 현상들에 대해서 대체로 호의적이지만, 이 문제에 관해서만은 회의적인 생각을 갖고 있다.

선진국의 표현자가 '밥을 먹으려면' 앞으로도 당분간 인터넷 세계보다는 기존 미디어에 의지해야 할 것이다. 그런 상황이 상당 기간 지속될 것으로 보인다. 소비자들도 인터넷 세계와 현실 세계 양쪽에서 살면서 여전히 TV를 보고 신문을 읽고 잡지를 사고 할리우드 영화를 보고 DVD를 사며 인기 작가의 장편소설을 읽고 인기 뮤지션의 CD를 살 것이다. '밥을 먹는 것'을 중시하는 표현자 다수 역시 '꽤 먼 장래까지 이 구조는 무너지지 않을 것이며 기존 구조에 머무는 것이 경제적으로 합리적'이라고 판단할 것이다.

4 조직과 개인, 그리고 블로그

블로그는 개인의 신용 창조 장치이자 포트폴리오

요즘은 누군가를 만나기 전에 검색 엔진을 통해 그 사람에 대해 알아보곤 한다. 그런 의미에서 블로그에는 신용 창조 기능이 있다고 할 수 있다.

필자 역시 수년간 실명으로 블로그를 운영했고, 수많은 블로그를 읽어왔다. 처음 만나는 사람의 경우에도 이미 그의 블로그를 읽어봤다면 첫 만남부터 친숙한 사이가 되기도 한다. 그래서 블로그는 무대 장치 같다는 느낌을 갖는다.

대기업 등 큰 조직에 속한 사람들은 개인 정보가 인터넷상에서 떠돌아다니는 것을 싫어한다. 라이벌에게 자신의 정보를 검색당하는 경우도 있고, 조직의 정보를 유출시켰다는 오해를 살 우려도 있기 때문이다. 특히 조직 내부에 훌륭한 정보망이 구축되어 있을 경우 지금까지는 개인이 조직 외부로 정보를 발신할 이유가 없었다. 그러나 이제는 상황이 변하고 있다.

예를 들어 1980년대 일본에는 일본 IBM과 일본 DEC를 제외하면 수준 높은 외국계 IT 기업이 적었다. 지금은 많다. 금융 분야도 외국계 투자은행이나 프라이빗 에쿼티 펀드(Private Equity Fund=사모私募 펀드. 소수의 투자자로부터 모은 자금을 주식·채권 등에 운용하는 펀드-옮긴이) 등 선택의 여지가 많다. '프로페셔널 펌(Professional Firm)' 이란 개념도 당시에는 없었으나 지금은 당연한 것이다. 벤처의 개념 역시 크게 바뀌었다.

또 기존의 일본 기업들도 카를로스 곤의 닛산(日産) 자동차나 다이에, 가네보 등 재건 과정에서 자본 구성이 변하거나 조직의 존재 방식이 급변하는 기업이 나날이 늘고 있다. 40대가 CEO가 되는 경우도 과거에는 전혀 없었으나 요즘에는 당연한 것으로 인식된다.

젊은이들은 이제 '공동체 의식에 속박된 과거형 기업'이 아니라도 그리 어렵지 않게 일자리를 찾을 수 있다. 과거 고용 유동성이 낮았던 시기에 일본 기업의 암묵적인 규칙은 자신이 속한 공동체에 충성을 다해야 한다는 것이었다. 그러나 지금은 한 조직 밖에서도 통용되는 기술을 가진 경우, 고용 유동성이 상당히 높다고 할 수 있다. 쉽게 직장을 옮길 수 있다는 말이다.

고용 유동성이 높아졌다는 것은 역으로 '내부 지향의 논리'만으로는 살아갈 수 없게 되었다는 얘기다. 어떤 조직에 속해 있더라도 항상 '바깥'을 의식해야 한다. 그런 자세가 당연한 세상이 되었다. 그런 의미에서 개인의 신용 창조 장치이자 무대 장치인 블로그의 위상은 앞으로 더욱 높아질 것이다.

네티즌 전체의 입장에서 보면 '표현 활동으로 밥을 먹을 수 있느냐'라는 입장에서 블로그를 바라보는 사람은 소수다. 블로그를 개인과 개인 간의 신뢰 관계를 엮어내는 장소라고 규정할 경우 '밥을 먹을 수 있느냐' 하는 것은 부차적인 문제라고 할 수 있다. 또 하나 중요한 것은 블로그가 개인의 지적 능력을 성장시켜 주는 장소라는 사실이다. 「지식 생산의 도구로서의 블로그」(http://www.fladdict.net/blog-jp/archives/ 2005/04/post_48.php)라는 글을 본 적이 있다. 블로그에 계속 글을 올리는 것이 개인의 성장에 어떤 영향을 주는지를 묘사한 내용이다.

블로그를 쓰면 엄청난 기세로 성장하게 된다. 이는 최근 1년 반 동안 내가 직접 실감한 것이다. 블로그를 통해 내가 배운 최대의 교훈은 '자신이 직접 돈으로 바꾸어낼 수 없는 정보와 아이디어는 감춰두기보다는 무료로 방출할 경우 (무형의) 커다란 이익을 얻을 수 있다'는 것이다.

또한 정보를 무료로 방출하는 것에 대해서 이런 설명을 덧붙이고 있다.

오픈소스와 블로그는 개인에게 어떤 의미를 갖는가. 그것은 포트폴리오이자 면접이다. 자신의 능력과 삶이 그대로 투영된 프레젠테이션 장치로서 기능한다. 또한 글을 작성하는 과정에서 대인 관계가 형성된다. 전직(轉職)을 준비할 경우에는 자신에 대한 정보가 어느 정도 공개된 상태에서 교섭을 시작할 수 있다. 돈이나 인맥, 후원자가 없는 사람이 활용할 수 있는 유일한 방법은 정보를 공개하는 것이라고 생각한다.

정보는 감춰야 한다는 고정관념에 빠진 사람들은 받아들이기 힘든 사고방식이다. 그러나 오랜 기간 블로그에 글을 올려본 사람이라면 실감나고 공감할 수 있는 내용일 것이다. 블로그라는 무대에서 지적 성장 과정을 공개함으로써 작성자와 독자 간 신뢰 관계가 구축되는 것이다.

지식 생산 도구로서의 블로그

필자는 지난 30여 년 동안 '지식 생산의 도구'라는 명칭이 붙은 장치는 대부분 시험해 봤다. 스크랩북, B6(128mm×182mm) 크기의 메모장인 '경대형 카드'에서 시작해서 하이퍼 카드(Hyper Card. 문서 간 자유로운 이동이 가능한 하이퍼링크를 실현할 수 있도록 해주는 매킨토시 컴퓨터용 소프트웨어로 일종의 데이터베이스이자 워드프로세서이며, 멀티미디어 및 프로그래밍 툴이라고 할 수 있다–옮긴이)를 사용하기 위해서 애플사의 매킨토시를 구입하기도 했었다. 또 마이크로소프트 워드의 아웃트라인 프로세서(Outline Processor. 문서를 트리 구조로 작성하고 정리 또는 보관할 수 있도록 한 문서 작성기)를 시험해 보기도 했고, 웹 브라우저가 처음 나왔을 때는 능숙하게 활용할 수 있는 방안을 생각하기도 했다. 당시는 신문과 잡지에서 오려낸 자료를 클리어파일에 스크랩해서 보관하던 시기였다. 평상시 사용하는 노트나 수첩, 메모용지, 포스트잇 등도 각각 수십 종씩 테스트해 본 뒤 마음에 드는 것을 골라 지금까지 사용하고 있다.

갖가지 시행착오를 거친 결과, 필자는 블로그가 궁극적인 '지식 생산 도구'일지 모른다고 생각하기 시작했다. 다음과 같은 이유 때문이다.

① 시간별로 편하게 글을 쓸 수 있고 용량도 사실상 한계가 없다.
② 카테고리 분류와 키워드 검색이 가능하다.
③ 컴퓨터를 가지고 다니지 않아도, 인터넷 접속이 가능한 곳이

면 정보에 접근할 수 있다.

④ 타인과 쉽게 내용을 공유할 수 있다.

⑤ 타인과 함께 지적 생산의 시너지 효과를 기대할 수 있다.

다양한 지식 생산 도구를 오랜 기간 시험해 본 결론은 (a) 도구는 단순해야 한다, (b) 도구에 대해 과도한 기대를 가져서는 안 된다 등이었다. 도구의 특성을 이해하고, 사용자가 도구와 자신의 단점을 보완하면서 한 몸이 되어 효율적으로 사용해야 한다는 판단이다.

각각의 도구에는 저마다의 사용법과 장점이 있는데, 블로그 이전에는 "바로 이거야!"라는 느낌을 주는 도구를 만나지 못했다.

그렇다면 블로그를 지식 생산의 도구로서 효율적으로 사용하려면 어떻게 활용해야 할까.

① 정보가 인터넷상에 있을 경우 링크를 시켜두고 출전도 적는다. 핵심 부분은 따로 복사해서 올린다. 간단한 의견이나 생각을 적어두면 더욱 좋다.

② 정보가 인터넷에 없을 경우(디지털화되지 않은 책이나 잡지에 있을 경우)는 출전을 적어둔다. 번거롭긴 하지만 핵심 부분만은 직접 손으로 적어야 한다. 왜 적어놨는지 이유도 달아둔다. 필사(筆寫) 부분의 분량이 그리 길지 않다면 저작권 문제에 대한 걱정은 필요 없다. 반면 분량이 길고 정보를 공개할 필요가 없다면 블로그를 비공개로 설정해 두면 된다.

위의 두 가지 항목에 익숙해지면서 블로그는 더없이 이상적인 지식 생산 도구가 되었다.

나의 꿈을 실현시켜 준 '가상 연구실'

필자의 학창 시절 꿈은 대학에 남아 연구를 계속하는 것이었다. 하지만 이러저러한 일이 겹치다 보니 비즈니스에 뛰어들게 되었고, 과거의 꿈과는 동떨어진 세계에서 살고 있다.

왜 대학에 남고 싶었을까. 연구를 좋아했고, 학문적인 업적을 남기겠다는 야심도 있었지만, 그보다 본질적인 것은 나만의 연구실을 갖고 학생들과 함께 지적 생활을 하는 것이 매력적으로 보였기 때문이다. 그 후로 '이제는 꿈과 동떨어진 세계로 와버렸고, 학생들과 지적 생활을 한다는 것은 이루지 못할 꿈이 되어버렸다'고 허탈해하기도 했다.

그러나 꿈이 아주 사라진 것이 아니었다. 놀랍게도 필자는 지금 인터넷상에 '가상 연구실' 같은 공간을 마련해 놓고, 본업을 수행하면서도 동시에 충실한 지적 생활을 하고 있다. 가상 연구실 활동에서는 수입 한 푼 나오지 않지만, 대신에 대학 교수가 된 친구들과는 달리 잡무에 시달릴 일이 없다.

가상 연구실의 탄생은 3년 전 블로그를 시작한 것이 계기가 되었다. 날마다 무슨 내용을 올릴까 고민하다가 매일매일 이뤄지는 필자의 연구 진척 상황을 공개하기로 한 것이다.

IT 및 인터넷 세상이 어떤 방향으로 나아갈지, 사회와 기업에 어떤 영향을 미칠지, 또 경영자와 개인들은 무엇을 생각하고 어떻게 행동해야 할지……, 실리콘밸리의 필자는 매일같이 그런 테마를 생각하고 있다. 그리고 고민 끝에 나온 생각을 고객 기업에 알리고 경영자와 논의하게 되었다. '사람'에게서도 귀중한 정보를 얻을 수 있지만, 인터넷상에 엄청난 정보가 넘쳐흐른다는 현실을 알게 된 뒤로는 매일 아침 5시부터 8시까지 인터넷과 만나 공부하는 습관이 붙었다.

필자의 글 중에는 「지식 생산의 도구로서 블로그를 사용하는 방법」같은 것도 있다. 「영어로 읽는 IT 동향」(http://blog.japan.cnet.com/umeda/)이라는 블로그는 내용을 매일 갱신한다. 매일같이 찾아주는 사람이 약 5천 명, 매달 찾아오는 사람까지 포함하면 독자가 수만 명에 달하는 인기 블로그로 성장했다. 이 블로그는 2005년부터 "My Life Between Silicon Valley and Japan(http://d.hatena.ne.jp/umedamochio/)"으로 이름이 바뀌었다.

필자가 새로운 아이디어를 가설 형태로 제시하면 독자들이 진지하게 반응을 보내준다. 덕분에 필자와 독자들 사이에는 서로의 시점을 넓혀주는 긍정적인 관계가 형성되었다.

2005년에 들어와 '소셜 북마크(Social Bookmark)'라는 서비스가 보급되기 시작했다. 북마크의 예로 일본에는 '하테나 북마크(http://b.hatena.ne.jp/), 미국에는 '딜리셔스(http://del.icio.us/)' 등이 있다. 다음 장에서 자세히 설명하겠지만 소셜 북마크는 인터넷에서 읽은 글이나 논문 중 재미있다고 생각한 것에 북마크를 하거나 간단한 코멘트나 키워드를 붙일 수 있게 해주는 도구다. 단, 북마크 리스트를 인터넷의 '이쪽 편'이 아니라 '저쪽 편'에 놓고 모두가 공유하며 이용할 수 있게 한 것이 참신하다.

블로그를 운영하는 입장에서는 독자들이 얼마만큼 북마크를 하고 어떤 코멘트가 붙는지 알 수 있다. 자신의 글이 어떤 식으로 받아들여지는지를 리얼타임으로 파악할 수 있게 된 것이다. 인터넷의 저쪽 편에서 수백 명의 단골이 필자를 주시하고 있음을 실감할 수 있었다. 필자 역시 주목할 만한 글이나 논문을 매일매일 북마크하는 습관이 붙었다. 그리고 필자의 블로그는 물론, 필자가 어떤 글을 북마크하는지까지도 주시하는 사람들이 수백 명이나 있다는 사실도 알게 되었다.

일본에서 인터넷 벤처 기업을 하는 젊은이들의 모임에 초대받거나 대기업의 젊은 사원들과 연구 모임을 가질 경우, 그들 다수가 필자의 블로그나 소셜 북마크의 단골인 경우가 많다. 그럴 경우 첫 만남임에도 옛 친구와 만나는 느낌이 들곤 한다.

이런 상태가 바로 '가상 연구실'이다. 가상 연구실 운영에 사용되는 도구는 모두 무료로 제공되는 서비스들뿐이다. 총 표현사회를 실현하는 것이 바로 치프혁명이라는 진리를 실감하고 있다.

5

오픈소스 현상과
대중의 지혜

1 오픈소스의 매력과 그 한계

오픈소스의 신비한 매력

앞에서 소개한 '앞으로의 10년의 3대 조류'는 모두 그 뿌리를 1960년대에 두고 있다.

인터넷은 1969년 미국 국무부의 고등연구계획국(ARPA)이 도입한 컴퓨터 네트워크가 원형이다. 1990년대 전반까지 휴화산 상태였던 인터넷은 1994년부터 95년까지 대폭발을 일으켜 세상을 '비연속적으로' 변화시켰다.

이에 비해 치프혁명은 '연속적인' 변화를 불러일으켰다. 1965년 '무어의 법칙'이 제창된 이래 40년에 걸쳐 면면히 매년 조금씩 산업계 전반에 영향을 미쳤다. 앞으로도 꾸준히 변화를 가져오리라는 점에서 가히 엄청난 조류라고 할 수 있다.

오픈소스는 어떨까. 소스코드를 공개하고 공유한다는 사고방식은 1960년대 말 나타난 Unix라는 OS에 뿌리를 두고 있다. 1990년대 전반까지 꾸준히 발전해 왔으나, 학계를 중심으로 한 '찻잔 속의 진보'였다. 그러나 인터넷이라는 휴화산이 대폭발을 일으키면서 찻잔이 깨졌고, 리눅스의 대성공에 자극받아 오늘날 오픈소스는 IT산업계의 큰 조류가 되었다.

그러나 여기서 멈춘 것이 아니다.

오픈소스는 복잡한 작품도 거뜬하게 만들어내는 속성을 갖고 있는 한편, 철학적인 측면도 갖고 있다. '사람은 왜 일하는가' 혹은 '기업만이 만능일까'라는 보편적이고 근원적인 질문을 제기했다. 오픈소스는 소프트웨어 세계를 넘어 모든 세상사에 적용할 수 있는 사고방식이라는 생각이 들 정도로 신비한 매력을 갖고 있다. 그래서 IT산업과는 무관해도 세상의 변화에는 민감한 지식인들이 오픈소스를 소프트웨어 이외의 분야에서도 응용할 수 있다는 생각을 갖게 되었다. 극히 자연스러운 흐름이다. 이 책에서는 소프트웨어 세계를 넘어선 곳에서 벌어지고 있는 오픈소스적 활동을 '오픈소스 현상'이라고 부르기로 한다.

개발도상국 콜레라 퇴치 사례

개인의 능력에는 한계가 있다. 그래서 무언가 큰 일을 하려면 다른 사람과 손을 잡아야 한다. 그런 의미에서 조직이라는 존재는 이질적인 개인들의 능력을 종합해 전체적으로 큰 성과를 일궈내는 역할을 해왔다. 개인이 조직에 들어가는 이유도 바로 그 때문이다.

그러나 이제 조직에 속하지 않아도 큰 성과를 달성할 수 있게 되었다. 바로 오픈소스 현상 덕분이다. 오픈소스 현상이 개인에게 그런 희망을 던져준 것이다.

오픈소스 현상의 한 사례인 개발도상국의 콜레라 대책을 살펴보자. 콜레라는 19세기의 질병이라는 이미지가 있다. 하지만 치료에 많은 돈이 들어가고 고도의 의료 기술이 필요하기 때문에, 가난하고 의료 기술도 낮은 개발도상국에서는 여전히 심각한 질병이다.

그런데 인터넷에 개발도상국의 콜레라 퇴치가 과제로 제시되자 수

개월 만에 치료와 관련된 다양한 분야의 전문가들이 인터넷을 통해 협력하기 시작했다. 그 덕분에, 적은 비용으로 별다른 훈련 과정 없이 바로 시작할 수 있는 새로운 콜레라 퇴치 시스템이 개발되었다.

이런 대형 협동 작업이 미국 『와이어드』지 2003년 11월호에 "Open Source Everywhere(http://www.wired.com/wired/archive/11.11/opensource.html)"라는 제목으로 소개되었다. 실리콘밸리에서 근무하는 무라야마 나오다케(村山尙武)는 이 글을 보고 자신의 블로그에 다음과 같은 독후감을 실었다(http://naotakeblog.typepad.com/sottovoce/2003/10/ open_source_eve.html).

오싹한 흥분을 맛봤다. (중략)

창조의 결과뿐 아니라 그 과정을 공유함으로써 참여자가 서로에게 자극을 주고, 지금까지 없었던 것, 훌륭한 그 무엇인가를 창조해 낼 수 있게 된 것이다.

무수히 많은 평범한 사람들이 사고를 공유하고 부족한 부분을 보완하며 아이디어의 연쇄반응을 일으킴으로써, 조금 과장해서 말하자면 더 큰 파급효과를 문명에 던지는 일이 가능해진 것이다. 또다시 과장된 표현을 사용하자면, 더 많은 사람에게 '자신이 살아있다는 증거', '자신이 사라진 뒤에 남을 그 어떤 것'을 남기는 길을 열었다고 해도 좋을 것이다. 콜레라 치료 프로젝트에 참가한 사람들도 자신이 공헌한 아이디어가 많은 생명을 구했다는 사실에서 마치 복잡한 그림맞추기 퍼즐이 조금씩 완성되어 갈 때 느끼는 쾌감을 맛봤을 것이다.

이 글은 오픈소스 현상에 대해 개인이 느끼는 흥분을 신선하게 묘사하였다. 특히 생명에 관한 문제였기 때문에 참가자들의 만족감은 엄청났을 것이다. 그리고 조직에 속하지 않고도 이룩해 낸 대형 협동 작업이었기 때문에 이전에는 경험할 수 없었던 높은 성취감을 맛봤을 것이다.

MIT의 '오픈코스웨어'

오픈소스 현상이 순탄한 것만은 아니다. 미국 매사추세츠 공과대학(MIT)의 거대 프로젝트 '오픈코스웨어(http://ocw.mit.edu/)'를 예로 들어보자.

지난 2000년도에 준비에 들어간 이 프로젝트는 강의 내용을 무상으로 인터넷에 공개한다는 계획으로, "훌륭한 지적 자산을 무상으로 공개하면 세계의 지적 자산들이 프로젝트 주변에 연결된다"는 오픈소스 취지의 영향을 받아 탄생했다. 이 계획은 2001년 4월에 발표되었고, 2002년 9월부터 일부 시행에 들어갔다. 2천 개의 과목이 모두 공개되는 것은 오는 2007년이다.

과목별로 강의 요점과 참고 도서 목록, 강의용 슬라이드, 강의 메모, 과제, 시험 문제와 해답 등이 공개된다. 과목에 따라서는 실제 강의의 녹화 동영상까지 무상 공개된다. 누구라도 이 사이트에 접속만 하면 자유롭게 원하는 만큼 공부할 수 있게 한다는 아이디어다.

MIT 대학생의 수업료는 연간 약 4만 달러로 상당히 비싼 편이다. 대학측은 이 돈이 교수 또는 교직원과 학생 간, 그리고 학생과 학생

간의 '접촉'이라는 소중한 기회를 제공받는 데 대한 대가라는 생각을 가지고 있다. 따라서 교재 등의 콘텐츠를 공개해도 MIT 학생들에게 수업료를 계속 받을 근거는 충분하다는 것이 그들 나름의 이론이다.

MIT는 '전세계적인 교육 수준의 향상, 나아가 전세계의 생활의 질 향상'을 목표로 한다고 설명했다. 여기에 휼렛 재단(The William and Flora Hewlett Foundation)과 멜론 재단(The Andrew W. Mellon Foundation)이 자금을 지원한다.

오픈코스웨어 시작품(試作品)은 열광적인 지지를 받았다. "MIT 교육이 전세계 고등교육의 플랫폼이 될 것이다", "오픈코스웨어 입안자에게 노벨상을 수여해야 한다"는 등의 목소리까지 나왔다. 그러나 2005년 말 현재 오픈코스웨어의 열기는 처음에 비해 확연히 떨어졌다. 2천 개 과목 중 절반 이상이 공개됐음에도 불구하고 매일 접속하는 사람은 2만 명에 불과하다.

이 프로젝트는 오픈소스의 영향을 받아 탄생했지만, 자발적으로 참가하고 싶은 사람만이 한데 모여 협동 작업을 하는 오픈소스 프로젝트와는 전혀 다르다. 오픈코스웨어는 기존 조직 내부의 폐쇄된 정보를 조직 전체의 협동을 통해 공개하는 것이었다. 이로 인해 공개 자체가 대학의 사업을 위협할 가능성이 있다. 교과서를 집필해 돈을 버는 교수들의 이익에 반하는 측면도 있다. 따라서 관계자 전원이 적극적으로 프로젝트를 지지하지는 않는 것이 현실이다. 대학의 방침이었기 때문에 참가했을 뿐 불만에 찬 사람도 많다. 그래서 최소한의 정보만 공개하는 등 적극성이 떨어졌다.

프로젝트 추진 담당자도 대학 관료였고, 목표는 "몇 년도까지 몇 과목을 공개한다"는 식으로 무미건조했다. 이런 프로젝트를 추진하려면 다음과 같은 마음가짐이 필요하다.

"이 정보를 필요로 하는 전세계 사람들과 기필코 정보를 공유하겠다. 그리고 그들을 위해 매일같이 내용을 개선해 나가겠다. 설사 이로 인해 대학 조직이 크게 바뀌어도 상관없다."

그러나 오픈코스웨어에는 그런 광기나 정열이 존재하지 않는다.

프로젝트 시작 당시부터 "강의 내용을 공개해도, 사람들이 인터넷 독학만으로 배움을 얻기는 힘들다. 따라서 인터넷에 과목별 학습 커뮤니티를 만들어내야 한다"는 지적도 나왔으나 적극적인 조치가 뒤따르지 않았다. 비디오 교재에 대해서 기대감이 높았지만 적당주의로 그치고 말았다. 이로 인해 MIT의 오픈코스웨어는 "배우고 싶어하는 전세계 사람들을 위한 플랫폼을 만들자"는 시작 초기의 열기와는 상당한 거리가 있는, "세계의 교사들이 참고하고 정보를 교환하는 사이트"로 변질되어 버렸다.

저작권을 둘러싼 논쟁

오픈소스는 분명히 신비한 매력을 갖고 있지만, 이를 불안한 심정으로 지켜보는 사람도 많다. 예를 들어 소프트웨어 산업의 메카인 실리콘밸리에서도 오픈소스의 대두에 대해 이런 불안한 심정을 털어놓는다.

"그러면 우리 프로그래머들은 앞으로 어떻게 생활을 해결해야 한단 말인가. 가장 어려운 동시에 가장 재미있는 일인 프로그래밍 작업을 공짜로 해주고, 먹고살기 위해서는 쉽지만 하찮은 일을 하라는 것인가."

교과서 저작권을 가진 교수들도 MIT '오픈코스웨어'에 대한 저항 세력이다.

제3장에서 아마존의 '본문 검색 서비스'와 '구글 북 서치' 프로젝트를 소개했는데, 이들도 넓은 의미에서 오픈소스 현상이라고 할 수 있다. 롱테일을 적극 추진하려는 롱테일파와 반대파인 '공룡의 머리파' 간의 알력은 점차 커지고 있다.

2005년 10월 21일 『아사히(朝日)신문』에 '인터넷 도서관, 저작권 침해'라는 제목의 기사가 실렸다.

미국 대형 출판사 '맥그로 힐' 등 5개사는 19일, 인터넷 검색의 거인인 구글이 운영하는 '디지털 도서관'이 저작권을 침해했다며 뉴욕 연방지법에 제소했다. 이들은 책의 전자 화상을 인터넷에 공개하는 것을 중지하라고 요구했다. 출판사를 대표하는 미국 출판협회(AAP)는 저작권 문제와 관련, 구글과의 협상이 결렬돼 제소하게 됐다고 밝혔다.(교토통신)

미 출판협회측은 "구글은 저자와 출판사의 재산을 무단으로 이용해 공짜 돈벌이를 기도하고 있다"고 비난했다.

구글은 그런 사고방식을 정면으로 반박한다.

구글 북 서치는 책을 찾기 위해, 즉 사람들이 정보를 발견하는 데 도움을 주기 위해 존재한다. 인터넷으로 책 정보를 찾아내고 내용을 살펴볼 수 있게 된다면 팔리지 않은 채 먼지를 뒤집어쓰고 있는 책이 빛을 볼 수도 있다. 이는 저작권자에게도 도움이 되는 서비스다. 책 내용을 모두 스캔해 검색 가능한 상태로 만드는 것은 저작권법의 '공정사용의 범위'에 해당하며, 저작권의 이념에 반하지 않기 때문에 저작권 침해가 아니다.

이것이 구글의 입장이다.

구글은 좀더 본질적인 주장을 하고 있다.

"앞으로는 모든 사람이 구글의 검색 엔진으로 정보를 찾게 될 것이다. 따라서 구글 검색 엔진으로 찾아지지 않는 정보는 세상에 존재하지 않는 정보나 마찬가지가 된다."

구글은 이런 식으로 저자 및 출판사를 위협한다. 양자는 완전히 평행선을 달리고 있다.

저작권에 대한 논쟁은 곧잘 감정적인 논쟁으로 변질된다. 논쟁 당사자가 저작권에 둔감한 사람과 민감한 사람으로 나뉘고, 둘 사이에는 깊은 골이 놓여 있기 때문이다. 그 골은 '그 사람이 무엇으로 생계를 꾸리는지', '앞으로 무엇으로 생계를 꾸려가려는지'와 관계가 있다.

총 표현사회가 온다는 것은 저작권에 둔감한 사람(블로그에 글을 올리는 사람 및 구글 같은 서비스 제공자)이 대거 등장하게 됨을 의미한다. 총 표현사회의 서비스 제공자는 표현 자체를 만들어내는 것이 아니라 이미 표현된 콘텐츠를 가공하고 정리해서 배급하는 사람들이다. 그들은 새로운 시대에 맞춰 저작권을 확대 해석하고 개선해야 한다고 생각한다. 웹 2.0은 그런 흐름을 기술적 측면에서 지원하는 것이다. 저작권을 둘러싼 논쟁이 감정적이면서도 평행선을 달리는 진짜 이유는 여기에 있다.

현실 세계의 오픈소스 현상, '북 크로싱'

소프트웨어 세계의 순수한 오픈소스와 달리, 현실 세계와 연계된 '오픈소스 현상'의 발전이 어려운 이유는 무엇일까.

첫째, 저작권 문제로 대표되는 기존 사회 구조와의 알력 때문이다.

두번째 이유는 현실 세계에서 오픈소스 현상을 일으키려면 인터넷과는 달리 비용이 들기 때문이다. 구체적으로 북 크로싱(Book Crossing)에 대해서 살펴보자(http://www.bookcrossing.com/ 참조).

북 크로싱이란 다 읽은 책을 카페나 역 등에 비치해 다른 사람들에게 읽게 하는 것이다. 세상을 상대로 하는 무료 도서관 활동이며, 이 역시 넓은 의미의 '오픈소스 현상'이라고 할 수 있다. 2001년 미국에서 시작되어 회원 수는 40만 명을 넘었고 등록 서적 수는 300만 권에 가깝다. 영국의 공영방송 BBC도 최근 이 운동을 지원하기 시작했다.

북 크로싱 시스템의 구조는 다음과 같다.

① 북 크로싱 회원으로 가입(무료)
② 사이트에서 스티커를 입수해 책에 붙인 뒤 공공 장소에 비치
③ 책에 붙여진 ID번호별 정보를 사이트가 관리

ID번호를 통해 누가 책을 읽었고 어떤 느낌을 받았는지, 그리고 그

책의 이동 경로는 어떻게 되는지 등을 추적할 수 있다. 2005년 5월 8일 『산케이(産徑)신문』은 '확산되는 미국발 북 크로싱'이란 기사에서 이 활동을 소개했다.

이 시스템을 생각해 낸 사람 중 한 명이 미국 미주리 주 캔자스시티에서 소프트웨어 개발 회사를 경영하는 론 혼베이커다. 거리를 도서관으로 만들자는 이 아이디어는 2001년 3월 그의 자택 서재에서 탄생했다.

"제 취미는 독서인데, 먼지를 뒤집어쓴 채 서재에 박혀 있는 책들을 보니 불쌍하다는 생각이 들었습니다. 책에게 자유를 주면 여러 사람과 만날 수 있을 것이라고 생각했죠. 많은 사람들이 책을 읽고, 또 서로 책을 나눠 읽으면 얼마나 좋을까요. 세계가 하나의 커다란 도서관이 된다면 얼마나 멋진 세상이 될까요."

이와 같은 혼베이커의 활동을 지지하는 독서가들이 많으며…….

북 크로싱 운동이 널리 확산된다면 세계가 하나의 커다란 도서관이 되지 않겠느냐는 아이디어다. 그러나 모든 것이 인터넷에서 이뤄지는 오픈소스에 비해, 현실 세계의 북 크로싱은 세계 차원으로 확산될 조짐이 보이지 않는다. 구글의 북 서치 계획 초기에 소송을 제기했던 미국 출판협회도 북 크로싱 활동에 대해서는 눈에 띄는 반응을 나타내지 않는다. 현실 세계의 활동은 현실 세계에 존재하기 마련인 물리적 제약에 구속되며, 그런 제약을 해결하려면 반드시 비용이 들기 때문에 대개는 상상할 수 있는 범위 내의 속도와 규모로 효과가 제한된다.

그러나 현실 세계와 분리된 인터넷 공간은 다르다. 인터넷에서의 정보 복제 비용은 제로고, 전파 속도는 무한대다. 책을 비치할 물리적 공간도 필요치 않다. 그리고 이곳에서의 무료 서비스는 대개 믿기지 않는 속도로 수백만 명, 수천만 명 단위의 연쇄반응을 일으킨다. 인터넷이 '비용 제로'의 공간이기 때문이다.

오픈코스웨어, 북 크로싱 등 현실 세계와 연관이 있는 프로젝트를 오픈소스 현상으로 확산시키려면 기존의 사회 조직과 싸워나가겠다는 강력한 의지뿐 아니라, 비용 구조의 벽을 넘어서기 위한 자금 조달 능력과 경영 능력이 필수적이다.

콜레라 치료를 목표로 한 의료 · 제약 분야의 오픈소스 현상 역시 아이디어를 내서 해결책을 마련할 때까지는 인터넷만으로 가능하다. 그러나 그 해결책을 실행하는 단계가 되면 오픈코스웨어처럼 난제를 만나게 된다. 반면 비용 제로 공간인 인터넷에서는 누구나 쉽게 그런 어려움을 극복할 수 있다. 물론 기존 사회 조직과의 알력은 필연적으로 커지게 된다.

2 불특정 다수 무한대 지식의 집적 가능성

매일 진화하는 위키피디아

위키피디아(wikipedia. http://en.wikipedia.org/wiki/Main_Page)는 인터넷상에서 누구라도 자유롭게 제작과 편집에 참여할 수 있는 백과사전이다. 어떤 항목이건 자유롭게 추가하거나 수정할 수 있다. 참여하기 위한 특별한 자격도 필요치 않으며, 당신도 지금 바로 그 백과사전의 필진이 될 수 있다. 대학교수가 썼을지도 모를 글을 여러분이 마음대로 고치고 삭제할 수 있다. 하지만 여러분이 쓴 글 역시 몇 분 만에 가필, 수정, 삭제될 수 있다.

백과사전은 권위 있는 학자와 전문가를 모아 박식한 편집자의 지휘 아래 만드는 것이 그간의 상식이었다. 아울러 막대한 비용이 드는 프로젝트였다. 위키피디아에는 이런 상식을 뒤엎는 엉뚱함이 있다. '누구라도 제작에 참여할 수 있는 백과사전'이며, '비용 제로'의 공간인 인터넷에서 일어나는 오픈소스 현상의 하나다. 그리고 현실 세계의 오픈소스 현상과는 비교가 안 될 정도로 높은 실적을 올리고 있다.

위키피디아 프로젝트는 2001년 1월에 시작되었으므로 역사는 길지 않다. 그러나 영어의 경우 『브리태니커 백과사전』 항목 수(약 6만 5,000개)의 10배 이상인 87만 항목에 달하는 백과사전이 구축되었다. 지금도 매일같이 인터넷상에서 진화를 거듭하고 있다. 200개에 이르는 언어별 백과사전이 만들어지기 시작했고, 일본판 항목만 해도 20만 개 이상이다(2006년 4월 말 현재).

필자는 일본 미디어 기업의 간부에게 강연을 부탁받으면 반드시 이 위키피디아를 보여준다. 위키피디아 일본판에 기록된 해당 기업에 관한 내용도 보여준다. 감탄하는 사람도 있는 반면 거부감을 나타내는 사람도 있다. 언론 기업 간부들이 하는 얘기는 대개 "누가 무슨 자격으로 백과사전 제작에 참여하느냐"는 것과, "잘못된 부분도 있으며, 백과사전으로서의 신뢰성을 확보하지 못했다"는 것이다. 필자는 간부들에게 어떤 내용이 잘못되었는지 물어보고 강연회장에서 바로 그 부분을 수정한다.

"위키피디아는 지금 여기서 가필 수정하고 있는 제가 누군지 모릅니다. 저를 포함한 불특정 다수 무한대에게 백과사전을 만들어낼 수 있도록 인터넷상에 공간을 제공해 줄 뿐입니다. 엄밀히 말해 오늘의 위키피디아와 내일의 위키피디아는 다릅니다. 매일매일 진화하기 때문입니다."

그러나 필자의 이런 설명에 권위자측인 미디어 기업 간부 대다수는 불쾌감을 감추지 않는다.

위키피디아에 대한 신뢰, 또는 불신

이런 구조 아래 만들어져가는 위키피디아를 신뢰할 수 있을까?

"백과사전에 오류가 있어서는 안 된다."

"백과사전은 현실 세계의 권위자들이 만들어야 한다."

이와 같은 기존의 상식과 규칙을 적용한다면 위키피디아는 신뢰할 수 없는 존재다. 그러나 과연 그런 잣대만으로 위키피디아를 배척하는 것이 올바른 태도일까?

문호를 개방함으로써 불특정 다수의 지식을 집약하고 옥석을 함께
마시며 진화를 계속하는 위키피디아라는 존재는 세계의 혼돈을 반영
하는 거울과도 같은 것이다. 동시에 실로 흥미로운 존재다.

『IT에 돈을 쓰는 짓은 이제 그만두시오』라는 책의 저자 니콜라스
카(Nicholas Car)는 IT에 비판적이기로 유명한 논객이다. 그가 2005년
10월 3일 자신의 블로그, '웹 2.0의 부도덕(http://www.roughtype
.com/archives/2005/10/the_amorality_o.php)'에서 위키피디아를 이렇게
비판했다.

이론적으로 위키피디아는 '아름다운 것'이다. 만약 웹이 우리들을 더욱
더 높은 의식으로 인도하는 것이라고 가정한다면, 위키피디아는 더더욱
'아름다운 것'이어야 한다. 그러나 현실적으로 위키피디아는 그렇지 않
다. 분명히 도움은 된다. 어떤 항목을 표피적으로 알고 싶을 때는 큰 도움
이 되기도 한다. 하지만 내용을 신뢰할 수는 없다. 문장도 종종 엉망이다.
나는 위키피디아를 유일한 정보원(情報源)으로는 활용하지 않는다. 학생
들이 논문을 쓸 때 정보원으로 사용하는 것을 추천하지도 않는다.

니콜라스 카는 '제인 폰다'라는 항목(2005년 10월 3일 현재. 이후 수
정되었다)을 지적하면서 위키피디아가 얼마나 엉망인지 강조했다.

이 내용은 엉망인 정도가 아니라 최악이라고 하는 편이 정확하다. 그리
고 유감스럽게도 이것은 위키피디아의 저급한 품질을 대표하는 것이다.

이 항목이 불과 수개월 만에 완성된 것이 아니라는 점을 기억해야 한다. 수천 명의 근면한 참여자들에 의해 5년 이상에 걸쳐 완성된 항목인 것이다. 이제 지식의 집합체라는 것이 언제 모습을 나타낼지에 대해 질문해야 할 시기가 된 것 아닐까. 언제쯤에야 위대한 위키피디아가 완성된 모습으로 나타날까. 아니면 위대하다는 개념 자체가 낡은 것이기 때문에 위키피디아와 같은 신현상에는 들어맞지 않는 것일까. 웹 2.0의 주창자들은 아마추어를 숭배하고 프로페셔널을 불신한다. 위키피디아 예찬의 배후에는 그런 사상이 깔려 있다. 오픈소스와 같이 민주적 창조성이 발휘된 사례에 대한 찬미의 배후에 그런 사상이 엿보인다.

빈정거림으로 가득 찬 니콜라스 카 특유의 문장이다. 그의 글을 읽고 체중이 싹 내려가는 독자도 있을 것이다. 웹 진화의 미래에 대해 사람들이 갖고 있는 위화감을 니콜라스 카가 멋지게 표현했기 때문이다. 이 역시 저작권을 둘러싼 논쟁과 마찬가지로 평행선을 그릴 가능성이 높다. 그리고 그 대립을 격화시키는 무대가 바로 위키피디아다. 위키피디아에 대한 비판은 누구나 이해할 수 있기 때문이다.

위키피디아의 존재감이 커질수록 이 백과사전에 대해 비방·중상적인 내용을 올리는 사람도 늘어날 가능성이 있다. 자기 선전의 장소로 이용하려는 사람도 많아질 것이다. 이러한 문제를 정비하기 위해서는 오랜 기간의 시행착오가 필요할 것이다.

위키피디아에 관한 두 가지 실험

미국과 유럽에서는 위키피디아를 흥미로운 연구 대상으로 보는 사람이 많다. 영국 『네이처』지가 위키피디아와 『브리태니커 백과사전』의 과학 분야 항목을 조사한 적이 있는데, 그 결과 전체적으로 양자의 정확도와 신뢰도는 비슷한 것으로 나타났다. 위키피디아의 오류는 알려진 것보다 적으며, 그 정도는 『브리태니커 백과사전』도 마찬가지라는 것이었다. IBM 산하 왓슨 연구소(T. J. Watson ResearchCenter)도 위키피디아의 각 항목이 시간이 지남에 따라 어떻게 진화하는지를 연구하고 있다.

리눅스 같은 오픈소스 프로젝트에는 누구나 자유롭게 참가할 수 있지만, 작성된 코드가 바로 리눅스에 채택되는 것은 아니다. 프로젝트 창시자인 리누스 토발즈(Linus Torvalds)를 중심으로 한 리더들이 불특정 다수가 보내는 무수한 코드 중에서 신뢰할 수 있는 것을 골라 리눅스에 반영한다. 그런 조직이 오랜 기간에 걸쳐 구축되어 왔다. 그러나 위키피디아는 그런 '입구 심사'가 없다. 누구나 기존 항목에 대한 가필과 수정을 할 수 있고 새로운 항목을 추가할 수도 있다. 이에 따라서 참가의 문턱이 낮고 프로젝트의 활성도가 높아 항목 증식 속도도 빨라진다. 반면 신뢰성은 항상 문제가 된다. 이것이 위키피디아의 고민이다. 신뢰성과 속도라는 두 마리 토끼를 동시에 잡기는 힘들다. 위키피디아는 입구 심사는 없지만 무엇이 입력되는지를 늘 지켜봄으로써 신뢰성을 높이려는 자원봉사자가 1,000~2,000명에 달한다. 그러나 위키피디아가 진정으로 원하는 것은 이런 인위적 점검 장치가 아닌, 인터넷의 '자정 작용'이다.

니콜라스 카와 같은 논리를 펴는 사람은 많고, 수십만 항목 중 마음에 들지 않는 내용을 골라 '엉망'이라고 말하기도 쉽다.

여기서는 위키피디아를 둘러싼 흥미로운 실험 두 가지를 소개한다. 두 실험 모두 그 테마는 '신뢰성'이다.

첫번째 실험은 '위키피디아에 고의로 잘못된 내용을 적어넣었을 때 제대로 수정되는가'를 보는 것이다. 수정하는 데 걸리는 속도도 측정한다. 실험 결과는 인터넷에 공개되는데, '중요한 13개의 항목에 대해 일부러 잘못된 내용을 적었는데 몇 시간 만에 모두 발견되어 수정되었다', 혹은 '주목받지 못하는 사소한 항목은 5일이 지나도 수정되지 않았다'는 식이다.

항목의 주목도와 오류의 질에 따라 결과는 천차만별이다.

위키피디아는 인터넷을 통해 불특정 다수가 참여해 만들기 때문에 완벽을 추구하는 것은 불가능하다. 단지 '일정 수준'의 신뢰성을 추구할 뿐이다. 앞으로도 '비용 제로'로 '일정 수준'의 신뢰성을 유지하며 진화할 것이다. 그런 위키피디아 백과사전에 대해 '아쉽지만 그 정도면 만족한다(good enough)'고 생각하는 사람과 그렇지 않은 사람이 있을 것이다. 문제는 그 비율이다.

두번째 실험은 미국 『에스콰이어』지의 A. J. 제이콥스가 2005년 9월 실시한 실험이다. 위키피디아를 소개하는 글을 위키피디아에 올린 후에 위키피디아 참여자들의 편집 능력과 교열 능력 및 퇴고(推敲) 능력을 테스트한 것이었다.

제이콥스는 위키피디아에 대한 709단어 길이의 글을 올렸는데, 그것은 틀린 철자법과 오류로 가득한 것이었다. 그는 우선 스스로 그 문장을 일부 수정했다. 그러고는 참여자들에게 '『에스콰이어지』에 게재할 기사로 만들어달라'고 요구했다. 인터넷 뉴스사이트인 CNET (http://news.com.com/2100-1038_3-5885171.html/)의 보도에 따르면 처음 24시간 동안 224회, 다음 24시간 동안에는 149회의 편집이 이뤄졌다. 잘못된 내용이 순식간에 모두 수정되었고, 그때부터는 문장을 알기 쉽게 고치는 작업으로 중점이 옮겨져 모두 771 단어로 정리된 후 『에스콰이어』지에 게재되었다.

물론 이것은 '행사'였지 일상은 아니다. 하지만 불특정 다수 무한대 지식의 집적 가능성을 보여준 흥미로운 실험이었다.

3 대중의 지혜 Wisdom of Crowds

개인을 끌어모아 전체적인 가치를 창출

리눅스와 위키피디아의 공통점은 누군가가 준비해 둔 커다란 '전체'라는 장소가 있고, 거기에 개인이 자발적으로 참여해 통합적으로 발전하는 구조라는 점이다.

그러나 개인적인 작업인 '지적(知的) 생산 활동'은 항상 전체에 대한 공헌을 의식하지는 않는다. 따라서 개인의 지적 생산 활동의 성과를 집적하고 자동으로 전체적인 가치를 창출하는 구조가 마련되어야 가능성이 확대된다.

개인이 해야 할 일은 지적 생산 활동의 성과를 인터넷의 이쪽 편이 아닌 저쪽 편에 저장해 놓음으로써 자신뿐 아니라 인터넷상의 모든 사람이 공유할 수 있도록 개방하는 것뿐이다.

개인의 활동에 의해 전체적으로 어떤 가치가 창조되는지에 대해 알아보자. 구글 검색 엔진의 구조가 좋은 예가 될 것이다.

구글은 인터넷의 무수한 사이트에 연결된 링크를 분석해 전세계 사이트의 가치를 계산한다. 분석의 근거가 되는 링크는 불특정 다수 무한대의 사람들이 제멋대로 자신을 위해 설정한 것이다. 수많은 개개인의 링크 행위가 자동으로 오픈되기 때문에 구글은 이들 모두를 파악할 수 있다. 전체를 의식하지 않고 행해지는 링크라는 개인적 행위를 검색 엔진이 집적해 전체로서의 가치를 창조하는 것이다.

제4장에서는 향후 커다란 기술 혁신이 기대되는 영역으로 '자동 질

서 형성 시스템'을 꼽았다. 각 개인이 인터넷에서 전체를 의식하지 않은 채 벌이는 작업을 집적하면 자동적으로 질서 형성이라는 가치를 창출할 수 있을지도 모른다. 이런 아이디어는 기술 혁신을 낳는 데에도 타당한 사고방식이다.

물론 위키피디아에서도 개인의 활동을 집적해 자동 질서를 만들 수 있다. 개인과 전체 중 어느 쪽이 우선시되어도 상관없지만 개인이 전체를 위해 일하고, 또 전체가 개인을 위해 일하는 구도가 원활히 순환되면 자동 질서 형성 시스템이 탄생할 가능성이 크다.

소셜 북마크(Social Bookmark)와 포크소노미(Folksonomy)

전체를 의식하지 않고 벌어지는 개인의 행위를 모아 가치 있는 것으로 만들어내려는 시도는 극히 최근에 시작된 것이다. 따라서 시행착오도 많다. 그 중 세 가지 사례를 소개하겠다.

첫번째는 '소셜 북마크'다. 인터넷에서 흥미로운 사이트를 발견하면 '즐겨찾기'로 등록하곤 한다. 그렇다면 한 사이트가 아니라, 짤막한 기사나 글이라면 어떻게 해야 하는가. 이런 문제를 해결해 준 것이 소셜 북마크다.

소셜 북마크는 의미 있는 글을 '즐겨찾기'로 등록한 뒤 간단한 코멘트나 키워드를 붙여 '인터넷의 저쪽 편'에 저장해 두는 것이다. 수많은 개개인의 즐겨찾기 행위를 모으면 전체로서 어떤 가치가 창출될까.

수많은 개인들의 즐겨찾기를 분석하면, 어떤 글이 주목받고 있는지 리얼타임으로 파악할 수 있게 된다. 세상이 주목하고 있는 글의 순위가 자동적으로 집계되는 것이다. 잡지의 광고에서는 독자의 주목도가 큰 기사일수록 큰 문자로 표기된다. 소셜 북마크는 그와 같은 독자의 주목도를 리얼타임으로, 지속적으로, 그리고 자동으로 파악하는 것이다. 콘텐츠의 자동 질서 형성이라고 할 수 있다.

아직은 북마크를 하는 사람의 수가 적고 편차가 있기 때문에 이를 분석하는 것만으로 인터넷 전체의 변화와 인기 동향을 정확히 파악할 수는 없다. 그러나 참여자가 늘어나면 그 가치도 높아질 것이다.

두번째 사례는 '포크소노미'이다. 포크소노미는 '사람들'이라는 뜻의 'Folks'와 '분류법'이라는 뜻의 'Taxonomy'의 합성어로, '모두가 참여해서 분류한다'는 의미다.

어떤 정보를 카테고리별로 분류하는 일은 어려운 작업이다. 더구나 인터넷의 콘텐츠를 분류하는 것은 보통 어려운 작업이 아니다. 하나의 글에는 다양한 측면이 있다. 따라서 그 글을 어떤 각도에서라도 찾을 수 있는 분류법을 만들려고 할 경우에는 엄청난 작업이 되고 만다. 자발적으로 늘어나는 무수한 콘텐츠를 완벽하게 분류한다는 것은 엄두도 못 낼 일이다.

그러나 개인의 행위를 집적할 경우 가능해진다. 예를 들어 어떤 글에 대해 즐겨찾기를 설정할 때 개인은 기존의 분류법을 의식하지 않고 각자 생각나는 대로 붙인다. 이때 검색 엔진은 개인의 '태그 부여' 행위를 모두 끌어모으게 된다. 한없이 많은 개인이 참여하게 되면 각각의 글에는 개인이 생각해 낸 다양한 각도의 태그가 모인다. 이렇게 인터넷의 콘텐츠가 소셜 북마크와 포크소노미에 의해 자동 분류되고 전체로서 큰 가치를 낳게 될 가능성이 있는 것이다.

인간 관계 지도, 소셜 네트워킹

세번째 사례는 정보가 아닌 사람 자체를 대상으로 하는 '소셜 네트워킹(Social Networking)'이다. 소셜 네트워킹은 소개를 통해서만 회원을 받는다. 회원은 이름과 경력 등 개인 정보를 밝히고(익명인 경우도 있다) 자신의 지인들도 소개해서 등록하게 한다. 그러한 관계와 정보를 활용하면서 교류하는 인터넷상의 커뮤니티가 바로 소셜 네트워킹이다. 2003년부터 미국에서 화제가 된 서비스이며, 일본에서도 2005년 'mixi(http://mixi.jp/)'가 회원 200만 명을, 'GREE(http://gree.jp/)'가 회원 25만 명을 돌파하는 등 젊은 세대를 중심으로 급속히 확산되고 있다. 이 서비스는 회원제이기 때문에 '저쪽 편'에 완전히 공개된 것은 아니다. 그러나 소셜 네트워킹 서비스 제공자는 거대 커뮤니티 내에서 행해지는 개인적인 행위들을 전체적인 가치로 바꿀 수 있다.

이런 식이다.

'서비스 제공자가 인터넷 저쪽 편에 편리한 공간을 마련해 준다. 개인은 그런 편리함을 누리기 위해 다양한 신상 정보를 저쪽 편에 공개한다. 서비스 제공자는 개인이 저쪽 편에 공개한 정보를 모아 전체로서 새로운 가치를 창출한다.'

이것이 웹 2.0 시대의 서비스 구조다.

그러나 현재 mixi나 GREE는 개인에게 편리함을 제공함으로써 회원을 늘리고, 이를 통해 스폰서에게 더욱 많은 광고를 파는 데 그치고 있다. 여전히 1990년대(웹 1.0) 비즈니스 모델이다.

소셜 네트워킹이 어떻게 전체적인 가치를 창출하는지 살펴보자.

'6차 분할의 원리(6 Degrees of Separation)'라는 유명한 이론이 있다. '지구상의 사람들은 서로 여섯 다리만 건너면 모두 다 아는 사람이다'라는 가설이다. 이 이론에 대해서는 다양한 실험과 연구가 실시되었고, 해석도 다양하게 나와 있다. 처음 보는 누군가를 지목하고, '그래, 예로부터 세상은 좁다고 했어. 여섯 명 정도를 거치면 분명 그와 나의 연결고리가 나타날 거야'라는 아이디어는 나름의 설득력이 있다. 소셜 네트워킹이란 세계의 모든 사람들을 포함하는 거대한 인간 관계 지도를 구축하는 과정이라고 할 수 있다.

그런데 그런 인간 관계 지도에서 과연 어떤 가치를 끄집어낼 수 있을까.

구글은 '웹사이트의 링크 관계에 관한 거대한 지도'를 구축하여, 그 지도에 '언어의 조합'이란 입력을 부여하면 '검색 결과 순위'가 출력되는 시스템을 구축했다. 소셜 네트워킹이 거대한 인간 관계 지도라면 거기에 무엇을 입력하고 무엇을 출력시키는 구도를 만들어야 할까. '뭔가를 알고 싶다면 누구에게 물어봐야 하나', '뭔가를 하고 싶다면 누구를 채용해야 하나', '누군가를 만나고 싶다면 누구에게 부탁해야 하나' 등등을 가능케 하는 구도도 후보의 하나가 될 수 있다.

만약 실제로 그런 거대한 지도가 존재한다면 입력은 '목적'이고 출력은 '사람의 순위'가 될 것이다. 물론 상대는 정보가 아니라 살아 있는 인간이기 때문에 순위를 붙이는 데 대한 저항감이 있을 수 있다. 또 이 일은 기술적인 면에서 검색 엔진을 구축하는 것보다 어렵기 때문에 이런 구도가 실현될지는 불투명하다. 그러나 소셜 네트워킹은 사람들을 주제별·상황별로 평가하는 '인간 검색 엔진'으로 발전할 가능성을 내포하고 있다.

미국 대통령 선거 결과를 정확히 맞힌 '예측시장'

'시장(市場)'이라는 메커니즘은 수많은 개인이 자신을 위해서 하는 행위를 집약하는 것이다. 시장 메커니즘을 통해 인터넷에서 미래를 예측할 수 있게 된다면, 현실 세계에서는 절대 성립할 수 없는 '제1법칙', 즉 '신(神)의 시점에서의 세계 질서'를 실현하는 데 큰 도움이 될 것으로 기대된다.

시장 메커니즘 속에는 불확실한 미래에 대한 기대치를 현 시점의 가치로 바꾸는 기능이 내포되어 있다. 사실, 시장의 동향은 뛰어난 미래 예측 능력을 갖고 있다. 그렇다면 미래의 다양한 주제에 대해 인터넷상에서 인공적인 시장을 만들면 어떨까. 이것이 바로 '예측시장'이라는 사고방식이다.

예측시장은 실험경제학 분야에서 30년 이상의 역사를 갖고 있다. 컴퓨터를 사용해 인공 시장을 연구해 오다가 인터넷을 만나면서 각광받기 시작한 흥미 깊은 영역이다. 예측시장은 예측 결과(대통령 선거 결과, 아카데미상 수상자 예측 등)의 정확도에 따라 가치가 결정되는 가상증권과, 가상증권이 거래되는 시장으로 구성된다. 참가자가 그 시장에서 나름의 예측력을 토대로 가상증권을 거래한다.

예측시장 분야에서는, 미국 아이오와 대학이 비영리로 운영하는 '아이오와 전자(電子)시장(http://www.biz.uiowa.edu/iem/)'이 최첨단을 달리고 있다. 이 시장은 '부시 대 케리'의 2004년 미국 대통령 선거 결과를 정확히 맞혀 화제가 되었다. 도박 행위로 비치는 것을 막기 위해 예측시장에서는 가상 통화로 거래가 이뤄진다. 그러나 아이오와 전자시장에서는 당국의 특별 허가를 받아 적은 액수지만 진짜 돈으로 거래가 이뤄지기도 한다. 가상 통화를 사용하건 실제 돈을 사용하건 예측 결과는 크게 다르지 않다고 한다.

아이오와 전자시장의 '2004년 미국 대통령 선거 선물(先物)시장'은 2003년 2월 21일 문을 열었다. 예측 선물은 각 대선 후보의 득표율이 그대로 가격이 된다. 즉 예상 득표율이 53퍼센트라면 가격은 53센트다. 거래 과정에서 각 후보의 가상증권 가격은 최종 득표율에 대한 기대치다. 이 선물시장은 대통령 선거 결과가 나온 2004년 11월 초까지 운영되었고, 부시가 박빙의 승리를 거둘 것이라는 사실을 상당히 이른 시점에 정확히 예측해 냈다.

결과가 판명될 때까지 가상증권을 계속 보유할 필요는 없으며 도중에 자유롭게 팔 수 있다. 결과를 올바로 예측함으로써 '전체'에 대해 공헌하겠다는 생각이 없이 '데이 트레이더(Day Trader. 주식 등의 거래를 할 때 초단기로 매매하여 차익을 얻고자 하는 일명 '단타족' - 옮긴이)'같이 행동하는 개인 참가자도 많다. 차익 거래(선물 가격이 현물 가격보다 높은 것은 팔고, 싼 것은 사는 거래 방법. 투자 전략을 컴퓨터에 미리 입력한 후 시장 상황에 따라 사전에 결정된 프로그램으로 일괄적으로 거래하므로 프로그램 매매라고 부르게 되었다 - 옮긴이)만 하는 프로그램 매매에도 참가한다.

일본에서 예측시장 연구의 1인자로 꼽히는 야마구치 히로시(山口浩)는 자신의 블로그 '미국 대통령 선거 시장을 돌아본다(http://hyamaguchi.net/2004/11/post_31.html)'에서 이렇게 분석했다.

부시 대통령의 최종 득표율은 51.3퍼센트였다. 예측 선물에서는 공화
민주 양당의 득표만을 집계하도록 되어 있었다. 따라서 양당만을 생각했
을 경우 부시 대통령의 득표율은 51.5퍼센트가 된다. 2004년 1월부터 평균
가격은 0.52달러, 표준편차는 0.017달러였다. 실제 득표율과 평균 가격의
차이는 0.005달러로 평균 가격에서 1표준편차의 3분의 1에도 못 미치는
차이였다. 투표 하루 전날까지의 7일간 평균 가격은 0.512달러로 실제 결
과에 더욱 근접했음을 알 수 있다. 그러나 특히 주목해야 할 사안은 2004
년 초 단계에서 이미 최종 결과와 거의 차이가 없는 0.51~0.52달러 전후
에서 거래가 이뤄졌다는 점이다. 이 경향은 2004년 1년 동안 거의 일관된
것이었다. (중략) 이번 대통령 선거를 통해 예측시장은 여론조사나 전문
가의 예측 등 다른 예측 수단보다 뛰어난 결과를 보여줬다. 이 방법은 이
미 이론적으로는 증명이 되었지만 실제 결과로써 그 유효성을 보여줘야
할 필요가 있었다. 그런 의미에 이번 결과는 예측시장의 유효성을 보여준
좋은 사례로 기억될 것이다.

야마구치에 따르면 예측시장 참가자의 편차는 이론상 문제가 되지
않는다고 한다. 시장 메커니즘이 원활히 작동된다면, 거래가 반복되
면서 참가자의 편차가 스스로 수정되는 자율적인 힘을 갖고 있다고
한다. 제4장에서 소개했던 '총 표현사회의 3층 구조' 중 2층인 '총 표
현사회 참가자층'이 참가하면 예측시장의 미래 예측 가능성은 충분
히 높아질 것이다.

□ 웹 진화론

'앞으로의 10년'은 대중의 지혜가 증명되는 시기

어떻게 불특정 다수 개인의 행위를 끌어모아 전체적 가치를 창출하는지를 살펴보았다. 앞으로 웹의 진화와 발전이 가장 극적으로 일어날 분야가 바로 이 영역이다.

구글의 검색 엔진 기능과 리눅스, 그리고 위키피디아와 예측시장 등 다양하고 새로운 현상을 목격한 미국『뉴요커』지의 칼럼니스트 제임스 서로위키(James Surowiecki)는 2004년『대중의 지혜(The Wisdom of Crowds)』라는 책을 펴냈다. '적절한 상황 아래서는 세상에서 가장 뛰어난 개인보다 집단이 더 나은 판단을 내리는 경우가 많다'는 것을 테마로 다룬 책이다.

"과연 세상의 누가 사물을 올바르게 판단할 능력을 갖고 있을까. 중요한 사안에 대해서 누가 어떤 방식으로 결정을 내려야 하는가."

이 책은 훈련받은 뛰어난 개인이나 전문가가 그런 역할을 맡아야 한다는 상식에 도전한다. 현실 세계의 여러 사례를 연구한 서로위키는 다음과 같은 가설을 제시했다.

개인이 분산돼 있고 다양성과 독립성이 보장된다면, 그리고 그런 무수한 개인의 의견을 집약하는 시스템이 제대로 기능한다면 집단의 가치 판단이 옳을 가능성이 있다. 다양성과 독립성을 보장하려면 다양한 의견을 긍정적으로 받아들여야 하며, 참가자들 간 교류는 적당한 수준의 정보 교환 정도로 그쳐서 특정 개인의 주장이 타인에게 영향을 미치지 않는 환경을 갖춰야 한다.

인터넷이라는 공간은 서로위키의 가설에 제시된, 개인의 분산과 다양성 및 독립성을 강조하는 조건을 완전히 충족시킨다. 무수한 개인의 의견을 집약하는 시스템이란 지금까지 인터넷에서 수없이 만들어진 조직 그 자체다. '앞으로의 10년'은 인터넷상에서 수많은 시행착오를 통해 '대중의 지혜'의 타당성이 증명되는 시기일 것이다.

인터넷이 악(惡)과 오탁(汚濁)의 위험으로 가득 찬 세계라는 이유로 인터넷을 기피하고 '불특정 다수의 참가＝중우(衆愚)'라는 사고에 빠진다면 앞으로 일어날 새로운 사상을 살피는 눈이 흐려질 것이다. 그리고 그 결과, 본질을 놓치게 될 것이다.

불특정 다수는 일본에만 수천만, 전세계적으로는 수억에서 수십억명에 달한다. 그들을 집약하는 기술은 갈수록 가속도가 붙는다. 반면그 비용은 줄어들고 있다. 그런 상황을 냉철히 바라보고, 불특정 다수의 집약이라는 새로운 '힘의 싹'이 자라는 것을 지켜보며, 그것이 갖는 사회적 의미를 생각해야 한다.

"힘의 싹은 불특정 다수 무한대의 긍정적인 측면에 기술을 조합시킴으로써 혼돈을 긍정적인 방향으로 바꿀 수 있다."

이런 사상이 전세계의 젊은 세대에게 공감을 얻고 있다. 이 사상의 지주는 낙관주의와 과감한 행동주의다.

분명 인터넷 세계는 혼돈과 위험으로 가득하다. 그런 현실 앞에서 우리는 어떻게 해야 할까. 적어도 '기피'나 '사고 정지'만으로는 아무것도 만들어내지 못한다는 사실을 명심해야 한다.

웹 진화와 세대교체

1 인터넷 보급에 의한 학습의 고속도로와 대정체

장기의 명인 하부 요시하루(羽生善治)의 '고속도로' 론(論)

장기의 명인 하부 요시하루(羽生善治)는 장기만 잘 두는 사람이 아니다. 사물의 본질을 말로 표현하는 능력도 뛰어나다. 그와의 만남에는 항상 새로운 발견이 있으며 깊은 대화가 오간다. 그와 필자가 공통적으로 관심을 갖는 테마는 'IT와 인터넷이 장기에 미치는 영향과 변화', 'IT 발전에 의한 사회 구조 및 인간 역할의 변화' 이다. 대화를 하다 보면 항상 그 방향으로 수렴된다.

그가 이렇게 말한 적이 있다.

"IT와 인터넷의 발달이 장기의 세계에 일으킨 최대 변화는, '장기 실력의 향상' 이라는 목적지로 가는 고속도로가 개설되었다는 것입니다. 그러나 그 고속도로의 종점 부근에는 엄청난 정체가 벌어지고 있습니다."

의미심장한 말이다. 장기의 고수가 되는 데 필요한 정보인 기보(棋譜. 바둑이나 장기를 둔 내용의 기록 - 옮긴이)의 데이터베이스화, 종반(終盤. 바둑이나 장기 경기에서 승부가 결정되는 단계)의 패턴화, 계산 방법 등은 최근 10년 사이에 엄청난 속도로 발달했다. 그리고 이런 정보를 누구나 헐값으로 구입할 수 있는 시대가 되었다.

최신 정보는 재빨리 기존 데이터베이스에 추가되어 인터넷이나 휴대 메일 등을 통해 순식간에 제공된다. 컴퓨터 장기 소프트웨어도 '묘수풀이' 에 관한 한 인간의 능력을 넘어서고 있어, 어떤 국면에서 어떤 묘수가 가능한지가 모든 장기 애호가에게 공개되었다.

물론 정보를 기억하기만 한다고 장기 실력이 크게 향상되는 것은 아니다. 중요한 것은 고수와의 실전에서 응용하는 것이다. 그런데 실전까지 인터넷에서 가능하게 되었다. 365일 24시간 열려 있는 인터넷 장기 도장 '장기구락부 24'의 회원은 20만 명에 이른다. 누구나 무료로 참가할 수 있고, 아마추어 강호뿐 아니라 하부 요시하루를 포함한 프로기사들도 익명으로 참가해 지도하고 있다. 즉 누구라도 실력만 갖추면 장기의 최고봉과 대적할 수 있는 환경이 인터넷에 마련된 것이다.

그는 이러한 현상들을 "고속도로가 완공되었다"라는 말로 표현했다. 그 고속도로를 이용해 장기를 연마하면 과거에 비해 월등한 속도로 실력을 향상시킬 수 있게 되었다는 것이다. 그것이 장기의 세계에서 일어나고 있는 최대 변화라고 얘기한다.

하부 요시하루는 1970년생으로, 그가 문하생으로서 장기 공부에 몰두하던 10대 시절은 1980년대였다. 80년대부터 IT가 발전하기는 했지만 당시의 장기 공부 방법과 요즘 젊은이들의 방법은 전혀 다르다는 것이 그의 생각이다. 요즘 젊은이들은 잘 정비된 고속도로를 질주한다는 것이다.

그렇다면 "고속도로의 종점 부근에는 엄청난 정체가 벌어지고 있다"는 말은 무슨 뜻일까. 고속도로를 통해 장기 애호가들은 동질의 정보를 제공받으며 공부한다. 그 결과 프로의 한 걸음 전까지는 빠르게 갈 수 있다. 단 고속도로 종점 톨게이트를 빠져나가기가 쉽지 않다. 그런 가운데 뒤편에서는 속속 젊은 장기 애호가들이 고속도로를 달려오고 있다. 그러므로 종점 부근에서는 엄청난 정체 현상이 빚어지는 것이다.

당연히 '대정체에서 벗어나려면 어떻게 해야 하는가' 라는 질문이 나오게 된다. 바로 그 문제가 인간의 깊은 곳에 숨어 있는 능력에 관한 질문이다. 그 해답을 찾아내야 돌파구를 찾게 된다. 그는 이런 정체에서 벗어나려면 전혀 다른 요소가 필요하다는 사실을 직관적으로 알아차렸다.

그가 현역으로 활약하는 동안에 컴퓨터 장기가 인간을 추월할 가능성도 있다. 언젠가는 반드시 찾아올 인간과 컴퓨터의 치열한 전투에서 인간이 승리하기 위한 조건과 고속도로 종점의 정체를 벗어나기 위한 조건 사이에는 공통점이 있다는 느낌을 받는다.

하부 요시하루는 "청각이나 촉각 등 인간만의 감각을 총동원해 컴퓨터 제어로는 절대 불가능한 수를 두는 장기 명인의 기술 같은 것, 그것이 어떤 것인지에 깊은 관심을 갖고 지켜보고 있습니다"라고 말했다. 그는 말로 설명하는 것이 불가능한 세계에서 인간만이 해낼 수 있는 그 무엇인가를 찾아내려는 것이다.

'대정체 시대'를 어떻게 살아갈 것인가

하부 요시하루의 '고속도로'론은 인터넷의 본질을 예리하게 분석한 것이다. 고속도로 건설과 대정체는 인터넷 보급에 따라 장기는 물론 세상의 온갖 분야에서 일어나는 현상이다.

매일같이 방대한 정보가 인터넷에 추가되고, 구글을 비롯해 새로운 도구가 정보를 정비해 간다. 일단 누군가에 의해 언어화된 내용은 인터넷을 통해 공유된다. 따라서 의지만 있다면 누구나 인터넷 고속도로를 이용해 과거의 예지를 흡수할 수 있게 되었다. 이것이 고속도로 정비가 갖는 의미다.

수학이나 물리학같이 역사가 오래 된 학문은 인터넷과 상관없이 '지식의 체계화'가 이루어졌다. 뛰어난 학자들이 좋은 교과서를 집필했고, 그것이 후진을 위한 고속도로 역할을 해왔다. 그러나 지금 그와 유사한 '학습을 위한 고속도로'가 다양한 분야에서 매일같이 자동적으로 건설되고 있다. 더구나 그 분야의 권위자가 지식을 체계화해서 자신의 제자에게만 전수하는 폐쇄적인 방식이 아니라, 무수한 프로페셔널들이 자신의 지식과 경험을 인터넷 위에 자유로운 형식으로 공개하는 방식을 통해 정리되고 체계화되어 간다.

컴퓨터 프로그램 작성 분야를 예로 들어보자. 소프트웨어 세계의 오픈소스화는 생각지 못했던 부산물을 만들어냈다. 프로그래머가 만들어낸 소스코드는 이전에는 개발 업체의 기밀이었다. 당연히 외부에는 절대 공개되지 않았다. 그토록 폐쇄적인 지식이던 소스코드가 오픈소스화 현상을 통해 인터넷에 넘쳐흐르게 된 것이다. 그 결과 세계 최고의 프로그래머가 만든 프로그램 소스코드를 누구나 자유롭게 읽고 공부할 수 있게 되었다. 오픈소스화는 프로그램 작성법을 가르치는 고속도로를 정비해 주었다.

앞으로는 다양한 분야에서 학습의 고속도로가 건설되어 전체적인 수준이 높아질 것이다. 그러나 일정 수준에 도달하는 사람이 많은 한편으로, 그들이 고속도로 종점까지 달려오며 여태까지 얻은 능력은 하찮은 것이 되어버릴 가능성이 있다. 이 경우 단번에 고속도로 종점까지 달려온 사람들은 앞으로 어떤 식의 삶을 살아야 할까. 젊은 세대는 특히 이 문제에 대해 고민해야 한다.

젊은이들은 자신이 나아가려는 세계에 이미 고속도로가 건설되어 있는지 여부를 고속도로에 진입하기 전에 미리 생각해야 한다. 고속도로 어느 부분에서 정체가 빚어지고 있는지도 알아봐야 한다. 고속도로 대신 일반 도로로 달리는 세계, 혹은 아직은 발전이 뒤처진 새로운 세계로 진입하는 것도 선택 방안 중 하나다.

IT와 인터넷은 가능성을 증폭시켜 준다. 덕분에 그 누구도 가보지 않았던 새로운 세계를 찾아내는 것이 이전보다 쉬워졌다. 아무리 모든 정보가 체계화되어도 아직은 층이 얇은 분야를 발견할 수 있다. 여러 이질적인 것들을 조합하면 무한한 가능성이 열릴 것이다.

인터넷은 고전적인 분야에서 정점에 서기 위한 고속도로의 정비를 촉진할 뿐 아니라, 자신만의 새로운 세계를 전략적으로 찾아가는 삶의 방식을 지원하는 도구로도 발전하고 있다. 고속도로를 질주하는 것도 좋고, 전망 좋은 시골길을 찾아내 걸어가는 것도 좋다. 젊은 세대 앞에는 기성세대와는 비교가 안 될 정도로 수많은 가능성이 펼쳐져 있다.

2 불특정 다수 무한대에 대한 신뢰

10대 시절의 감동이 산업 질서를 뒤집는다

개인용 컴퓨터 시대를 개척한 빌 게이츠라는 천재는 1955년에 태어났다. 대학에 들어가자마자 회사를 세웠고, 1975년 마이크로소프트를 창업했다. 이제 게이츠는 50대이며 마이크로소프트도 30대다.

컴퓨터 산업에서는 지금까지 두 번 '파괴적 기술'이 등장해 산업 질서가 뒤집혔다. 1970년대 전반, 당시 10대였던 게이츠는 '개인용 컴퓨팅'이라는 획기적인 기술에 크게 감동했다. 당시만 해도 컴퓨터는 고가의 공유 재산이었기 때문에 개인이 컴퓨터를 소유하고 원하는 만큼 사용한다는 것은 꿈도 꿀 수 없었다. 그랬기 때문에 게이츠와 게이츠 세대는 컴퓨터 산업 사상 초유의 파괴적 기술인 개인용 컴퓨터의 가능성에 감동했던 것이다. 그 10대의 감동이 오늘날의 마이크로소프트를 탄생시켰다.

필자는 게이츠보다 다섯 살 아래다. 일관 교육(대학 부속의 유치원 및 초·중·고등학교에 입학하면 대학까지 갈 수 있는 시스템 - 옮긴이) 덕분에 부속 중학교에 들어간 1973년부터 계속 게이오(慶應) 대학의 대형 컴퓨터 시설에 접근할 수 있었다. 그래서 게이츠가 대학에 들어갈 무렵의 컴퓨팅 환경이 어떤 것인지 잘 알고 있다.

프로그램을 작성한 뒤 한 줄마다 종이 카드 한 장씩을 작성한다. 천공기(穿孔機. 카드에 구멍을 뚫어 데이터를 입력하는 장치)가 스무 대 정도 늘어서 있는 건물에 그 종이 카드 뭉치를 들고 찾아간다. 그리고 카드 리더(reader)기가 있는 지하 방으로 내려가 대학생들 틈에 섞여 순서를 기다린다. 카드 리더기가 프로그램을 읽고, 대형 프린터가 출력하는 것을 기다린다. 종이 카드를 만들 때 타이핑에 실수가 있었다면 컴퓨터는 무정하게 에러 메시지만 내보낸다. 그러면 다시 처음 단계로 돌아가야 한다. 논리에 하자가 있으면 무한 루프(영구히 끝나지 않는 프로그램) 따위가 만들어지고, 필자에게 할당된 구좌의 예산은 곧바로 날아가버린다. 그렇게 매일같이 천공실과 지하실 사이를 왕복했다.

"뭐, 컴퓨터를 집에 가져갈 수 있다고? 실컷 사용해도 추가로 돈을 낼 필요가 없다고?"

당시 컴퓨터에 빠졌던 전세계 소년들은 게이츠와 마찬가지로 개인용 컴퓨팅이라는 시대의 흐름에 감동했다. 대학원에서 기초를 배워야 했던 생명공학과는 달리 컴퓨터는 독학이 가능하다. 그래서 예전이나 지금이나 소년들은 컴퓨터에 빠져드는 것이다.

마이크로소프트가 태어난 지 30년. 그 동안 기술은 믿을 수 없이 발전했다. 1970년대에는 공유 재산이던 대형 컴퓨터의 수억 배, 수십억 배의 성능을 갖춘 컴퓨터를 우리는 지금 10만 엔 전후의 가격으로 살 수 있고, 개인이 컴퓨터를 몇 대씩 보유할 수도 있는 시대가 되었다.

구글의 두 창업자 래리 페이지와 세르게이 브린이 태어난 것은 1973년이다. 마이크로소프트가 창업됐을 때는 두 살이었다. 그들이 중학교에 들어갈 무렵인 1980년대 중반은 가정에 컴퓨터가 있는 것이 당연한 시대였다. 물과 공기의 존재에 아무도 감동하지 않듯 그들은 게이츠와는 달리 개인이 컴퓨터를 소유할 수 있다는 사실에 감동

받지 않았다. 그렇다면 무엇에 감동했을까.

컴퓨터 산업 사상 두번째 파괴적 기술인 인터넷에, 즉 무한한 가능성이 펼쳐져 있는 컴퓨터 '저쪽 편'의 세계에 당시의 10대는 감동했다.

- 불특정 다수 무한대의 사람들이 인터넷 저쪽 편에 존재한다는 사실
- 그 사람들과 순식간에 공간을 넘어 상호 작용을 할 수 있다는 것
- 365일 24시간 전세계와 연결돼 있다는 현실
- 축적되고 갱신되는 전세계의 모든 지식에 접근할 수 있는 가능성

이러한 세상에 그들은 감동했다.

10대의 게이츠 세대는 컴퓨터의 개인 소유에 엄청난 감동을 받았기 때문에 인터넷의 이쪽 편에 대한 집착을 버리지 못하고 있지만, 페이지와 브린 세대는 컴퓨터 저쪽 편의 무한한 세계에 감동했기 때문에 저쪽 편에 완전히 새로운 창조물을 구축하고 있다. 세대교체의 시기를 맞고 있는 것이다.

빌 게이츠 세대의 한계

'컴퓨터 저쪽 편의 무한한 세계'에 감동한 세대 중 처음으로 빌 게이츠에게 도전장을 낸 인물은 넷스케이프를 창업한 마크 앤드리슨

(1971년생)이다. 그러나 당시 정상을 달리던 40대 초반의 게이츠는 자신의 모든 힘을 결집해 넷스케이프를 궤멸시켰다. 그 방법이 너무도 철저해서 미국 법무부가 마이크로소프트를 독점금지법 위반 혐의로 제소했을 정도다.

마이크로소프트가 넷스케이프를 무너뜨릴 수 있었던 것은 '이쪽 편' 대 '저쪽 편'의 싸움이 마이크로소프트의 홈구장에서 벌어졌기 때문이다. 넷스케이프는 마이크로소프트와 마찬가지로 이쪽 편의 소프트웨어 세계를 주전장으로 잡았다. 저쪽 편에 과거와는 전혀 다른 구축물을 만들며 참신한 비즈니스 모델을 준비한 구글과는 상황이 달랐다.

2004년 1월, 아직 미공개 기업이던 구글을 마이크로소프트가 100억 달러에 매수한다는 소문이 나돌았다. 소문의 진위는 차치하고, 대개의 미공개 기업은 100억 달러의 당근을 내걸면 곧바로 매수 제의를 받아들인다. 그러나 구글의 두 창업자는 '저쪽 편'의 일을 전혀 모르는 빌 게이츠에게 구글이 매수당하는 것을 절대 받아들일 수 없었다. 그들은 '이쪽 편' 논리를 받아들일 수 없었던 것이다. 그들이 절대 양보할 수 없었던 한계선이 바로 이쪽 편과 저쪽 편의 차이였다.

두 창업자는 마이크로소프트의 경영 개입 및 적대적 매수를 막을 방안을 철저히 연구했다. 그리고 결국은 자신들이 일반 보통주에 비해 강력한 의결권을 갖는 별종의 보통주를 계속 보유한다는 결론에 이르게 되었다. 그래서 2004년 8월 주식 공개 때 이례적인 자본 구조를 도입하기에 이른다.

필자는 지금도 기업의 근간인 자본 구조에서 창업자가 일반 주주와 다른 종류의 주식을 갖는 제도는 바람직하지 않다고 생각한다. 하지만 동시에 구글 창업자들이 마이크로소프트나 빌 게이츠에 대해 '당신들은 절대로 저쪽 편의 일을 모른다'는 심정을 갖는 것 역시 이해한다.

마이크로소프트가 매수 금액 100억 달러를 제시한 지 8개월 뒤(구글의 주식 공개 당시)에 구글의 시가 총액은 약 300억 달러가 되었다. 그로부터 다시 14개월 뒤인 2005년 10월에는 1천억 달러를 돌파했다. 참고로 마이크로소프트의 시가 총액은 최근 수년간 3천억 달러 전후다. 구글의 CEO 에릭 슈미트는 『니혼게이자이(日本經濟)신문』과의 인터뷰에서 마이크로소프트에 대해 이렇게 말했다(2005년 10월 26일자 조간).

인터넷에서 그들의 모습은 아직 보이지 않는다. 그들이 추구하는 것이 무엇인지는 알고 있다. 그래서 기술 혁신 속도를 떨어뜨리지 않으며 인재를 계속 확충하고 있다.

천하의 빌 게이츠도 넷스케이프 때처럼 구글을 무너뜨릴 수는 없었다. 아마 앞으로도 어려울 것이다. "게이츠도 나이를 먹었다"는 것이 게이츠와 같은 세대인 필자의 개인적인 감회다. IT산업의 중심이 인터넷의 이쪽 편에서 저쪽 편으로 이행하고, 경쟁의 규칙이 완전히 변해버림에 따라 게이츠의 세대적 한계가 드러난 셈이다.

웹 진화와 세대교체

'개인용 컴퓨터에 감동한 세대'와 '컴퓨터의 저쪽 편의 무한함에 감동한 세대'의 결정적 차이는 무엇일까.

첫째, 인터넷의 이쪽 편과 저쪽 편이라는 차이다. 이는 기술과 사업 구조의 차이이기 때문에 비교적 이해하기 쉽다.

또다른 차이는 불특정 다수 무한대를 신뢰하느냐의 여부다. 이는 인간의 마음속 문제이기 때문에 이해하기가 힘들다.

이 책에서 설명하고 있는 인터넷의 새로운 사상을 이해하는 키워드가 '불특정 다수 무한대에 대한 신뢰'이다. 신뢰가 낮은 사람은 새로운 사상을 생리적으로 혐오한다. '이쪽 편 대 저쪽 편'과 '신뢰의 유무'를 양대 축으로 잡으면 도표처럼 네 가지 영역이 생겨난다. 불특정

웹 진화의 방향

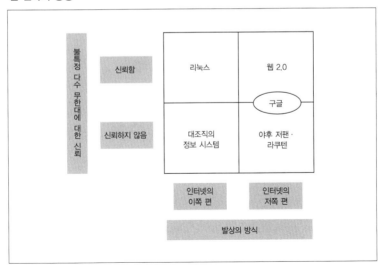

다수 무한대에 대한 신뢰라는 개념 자체가 존재하지 않는 세계도 '신뢰하지 않는 것'으로 분류하기로 한다.

IT산업 전체를 놓고 보면 이전 세대의 관성이 여전히 작용하기 때문에 '이쪽 편-신뢰하지 않음' 영역의 시장 규모가 아직은 압도적으로 크다. 대기업의 정보 시스템 세계는 마지막까지 이 영역에 머물 것이다.

'이쪽 편-신뢰함' 영역의 대표 격이 리눅스다. 이 영역의 성과물은 이쪽 편 소프트웨어다. '불특정 다수 무한대에 대한 신뢰'가 오픈소스라는 개발 프로세스의 근거다. '저쪽 편-신뢰하지 않음' 영역은 저쪽 편 사업에 참여하고는 있지만, 폐쇄적이며 무슨 일을 하건 상대를 포위하고 공격하려는 성향이 강한 인터넷 사업자다. 1990년대적인 인터넷 사업이다. 일본의 경우 야후 저팬이나 라쿠텐(樂天)이 여기에 해당된다.

앞으로 웹의 진화는 '저쪽 편-신뢰함'의 영역이 견인해 갈 것이다. 웹 2.0 시대란 결국 그런 것이다. 인터넷이 마련해 준 새로운 세상을 사는 젊은이들이 흥분하는 것은, 인터넷 세상이 그런 방향으로 가게 되면 자신들에게 새로운 기회가 찾아올 것이라고 직감하기 때문이다.

구글은 이 네 가지 영역의 어디에 위치할까. 저쪽 편이라는 사실은 틀림없다. 다만 불특정 다수 무한대를 신뢰하느냐는 문제는 다소 미묘하다. 신뢰와 불신의 중간쯤에 있는 것이 아닐까. 지금의 시점에서 그런 애매한 곳에 서 있다는 사실은 구글이 압도적인 성공을 거둔 요인이다. 반면 그러한 입장은 구글의 미래를 흔들 수 있는 약점이기도 하다.

구글은 불특정 다수 무한대를 신뢰하는 회사는 아니다. 오히려 '베스트 앤드 브라이티스트(best and brightest)'를 모아 재능 지상주의적 · 유아독존적인 경영을 지향하는 회사다.

'우리(창업자) 둘이 장기간 경영을 장악하는 것이 당신들 주주에게 이득이 된다.'

'능력 있는 우리들에게 맡기고 아무것도 모르는 너희들은 입 닥치고 주식을 10년간 계속 가지고만 있어라. 그러면 큰돈을 만질 것이다. 그러니 단기적으로 주가가 좀 떨어진다고 불평하지 마라.'

이것이 구글이 주주를 대하는 태도다. 그런 신념에서 나온 것이 주식 공개 당시의 이례적인 자본 구조였다. 그들의 참신한 조직 운영도 알고 보면 능력 있는 동료들끼리만 정보를 공유하는 것일 뿐이다. 외부에 대해서는 매우 폐쇄적인 회사다.

아직 '저쪽 편-신뢰함' 영역에서 큰 성공 사례는 나오지 않았다. 그러나 '앞으로의 10년' 안에 이 영역에서 구글이 두려워할 만한 막강한 도전자가 나타날 것이다.

앞으로의 10년, 그 이후의 세상은 어떻게 될까.

빌 게이츠가 1955년에, 구글의 래리 페이지와 세르게이 브린은 1973년에 태어났다. 18년 주기로 세대교체가 일어난다고 가정하면, 이들 이후에는 1991년에 태어난 사람이 큰 활약을 할 것으로 보인다. 1991년생이라면 지금 중학교 2학년이나 3학년이다. 지금까지 세대교체는 모두 미국에서 이루어졌지만 장차 세계 그 어느 곳이 될지는 모를 일이다.

종장

탈脫기득권층으로의 여행

Wikis
Blogs
Joy of Use
Web2.0
The Long Tail
Convergence
RSS
OpenAPIs
Recommendation
Social Software
DataDriven
Web Standards
Microformats
Audio
Video
Mobility

차세대의 가능성을 추구한다

2001년의 9·11테러 수개월 뒤 필자는 "9월 11일은 내 인생의 전반기와 후반기를 나누는 분기점이 될 것"이라고 예감했다. 필자의 얘기를 들은 친구는 "참 신기한 사고방식"이라며 야유 섞인 반응을 보였다.

생각해 보니 필자는 '거대한 환경 변화가 일어날 때 먼저 자신이 변하지 않으면 도태된다'는 실리콘밸리의 규칙에 자신도 모르는 사이에 영향을 받은 것 같다. 당시 이라크전은 아직 발발하지 않았고 9·11을 계기로 세계가 얼마나 변할는지도 알기 힘든 상황이었다.

그러나 필자는 '인생 전반기와 후반기의 분기점'이라는 신념 아래 새로운 인생을 구축하겠다고 결심하는 것이 기존의 삶의 방식을 고집하는 것보다 리스크가 적다고 확신했다. 본질적 변화에 관한 직감 하나하나를 소중히 하며 '시간 사용의 우선순위'를 바꿈으로써 새로운 자신을 모색하리라 각오했다. 그리고 필자(1960년생)보다 나이가 많은 사람들과 보내는 시간을 최대한 줄이고 연하의 사람, 그것도 1970년대 이후에 태어난 젊은이들과 보내는 시간을 적극적으로 찾아냈다. 다음 세대의 싹을 보고 싶어서였다.

필자는 당시까지 일본 기업을 상대로 경영 컨설턴트 활동을 해왔고, 필자보다 훨씬 나이가 많은 경영자들을 만나왔다. 일본은 물론 실리콘밸리에서도 필자보다 나이가 조금 많은 연령층에서 존경할 만한 사람을 찾아내어 사귀어왔다. 그러나 9·11 이후 그런 삶의 방식을 바꾸기로 한 것이다.

당시 필자는 41세였고, 일본의 기득권층 사회에서 신분 상승의 길을 가기 시작했었다. 2001년 1월 (주)일본전기의 경영자문위원에 취임했다. 그해 5월 (주)NTT도코모의 자문위원에, 8월에는 (주)오무론의 자문위원에 취임했다.

변해가는 일본 기업계에 새로 생겨난 '경영에 정식으로 관여하는 사외 인재' 시장에서 필자의 주가는 본인 입으로 말하긴 좀 뭐하지만, 급상승했다. 그런 시기에 '지금까지 맡았던 일은 계속하겠지만, 앞으로는 그 같은 위원 따위의 일을 새로 맡지 않겠다'고 결심한 것이다.

왜 그런 변신을 했을까. 9 · 11테러에 대한 일본의 반응, 특히 기득권층 유식자들이 보인 반응에 깊은 실망을 느꼈기 때문이다. 사상적인 실망은 아니다. 세계를 뒤덮은 어마어마한 충격이 자신에게도 영향을 미친다고 생각한 사람이라면 당연히 보여야 할 반응이 전혀 보이질 않았다. 일본은 그렇게 낡아 있었다. 그런 일본에 아연해했고 힘이 빠졌다. 동시에 필자 내부에 쌓인 '낡은 일본'에서 탈피해서 새로운 자신을 구축해야 한다는 강력한 충동이 일었다.

앞으로의 10년, 20년은 지금으로서는 상상도 할 수 없는 새로운 무언가가 창조될 것이다. 그리고 그것은 차세대의 역량에 달려 있다. 그러므로 차세대의 가능성을 추구하는 방법을 찾는 것에서 인생 후반기를 시작하기로 결심한 것이다.

일본인 1만 명 실리콘밸리 이주 계획

　2002년은 실리콘밸리 경제에서 최악의 해였다. 그러나 바닥 상태에 있을 때야말로 적극적으로 나가는 것이 정도라고 믿었다. 그래서 만든 것이 '일본인 1만 명 실리콘밸리 이주 계획' 이라는 비영리 프로젝트였다. 일본의 젊은이 1만 명이 실리콘밸리를 찾아와 자신을 연마하며 세계의 젊은이들과 함께 활약하는 세계를 그렸다. 그리고 이를 실현하기 위해 향후 20년간 지원하기로 결심했다.

　이런 시도가 일본 젊은이들의 선택에 조금이라도 다양성을 부여하게 된다면 일본 사회를 변화시킬 하나의 매개체가 될지도 모른다. 일본도 언젠가는 중국이나 대만, 인도처럼 실리콘밸리에서 배양된 개인 네트워크가 모국과 연결되어 두뇌 유출이 아닌 두뇌 환류 현상을 기대할 수도 있으리라는 판단에서였다.

　실리콘밸리의 인구는 약 250만 명(취업자는 135만 명)이며 이 중 35퍼센트가 외국 출신이다. 고학력 하이테크 이민자들이 최첨단 기술 개발과 신규 사업 창조에 모든 시간을 투자한다. 그런 개발과 창조 속에서 해가 뜨고 지는 신비의 땅이다.

　그러나 실리콘밸리에 일본인은 정말로 적다. 수년간 근무하고 귀국하는 기업 주재원을 제외하면 정말 실리콘밸리 주민다운 프로페셔널 생활을 하는 일본인은 많아야 500~1,000명 정도일 것이다. 그 수를 20년에 걸쳐 10~20배로 늘릴 수 없을까. 20년간 1만 명을 이주시킨다는 구상은 거기서 나온 것이다.

　모국에 첨단 기업이 많지 않은 중국이나 대만, 인도 유학생들은 미국의 대학과 대학원을 나온 뒤 극히 자연스럽게 실리콘밸리에 남아 활약하게 되었다. 그리고 그들이 모국 사람들을 실리콘밸리로 끌어들였다.

실리콘밸리에 일본인이 적은 이유는 최근 수십 년간 일본 대기업이 우수한 이공계 대학생과 대학원생들을 졸업과 동시에 채용했기 때문이다. 연구에 자유 재량을 부여했고, 세계 최첨단 기술 개발 프로젝트를 연구할 장소를 마련해 주었다. 여기에 종신 고용이라는 안정된 조건(엔화의 가치가 높았던 시기에는 세계 최고의 임금 수준까지)을 제시해 왔기 때문이다. 그러나 그 전제가 무너지고 있다.

시간 사용의 우선순위를 바꿔 필자보다 어린 사람, 그것도 1970년대 이후 태어난 젊은이들과 지내는 시간을 적극적으로 만든 결과 알게 된 사실이 있다. 실리콘밸리에 일본인이 적은 이유였던 '너무도 훌륭한 일본의 취업 환경'이 사라지고 있다는 것이다. 기술 지향의 젊은이들 사이에 좌절감이 확산되고 있기 때문이다. 실리콘밸리를 찾는 일본 젊은이들이 서서히 늘어나고 있다는 사실도 알게 되었다.

일본 젊은이들도 타국 젊은이들과 조건이 비슷해졌기 때문에, 즉 취업 환경이 악화됐기 때문에 실리콘밸리에 뿌리를 내리는 사람은 점차 늘어날 것이다. 그것이 일본 젊은이들에게는 국제 경쟁력을 닦을 수 있는 훌륭한 기회이며, 그런 믿음직한 사람들이 늘어난다는 것은 일본 전체에도 좋은 자극을 주게 될 것이다. 그래서 '그렇다면 이들을 지원해야 하는 것 아니냐'는 생각을 필자가 갖게 된 것이다.

2002년 봄부터 수개월에 걸쳐 뜻을 같이하는 친구들과 준비를 시작해서 2002년 7월 1일 'Japan Technology Professionals Association

(JTPA)'이라는 비영리기구를 발족시켰다. JTPA 활동의 양대 목표는 실리콘밸리에 일본인 프로페셔널 커뮤니티를 만드는 것과, 일본에 사는 젊은이들이 실리콘밸리에 들어오는 것을 지원하는 것이다.

조직을 만든 뒤 필자는 실리콘밸리인으로 활약하는 일본인들을 찾아다니며 그들의 경험에서 뭔가를 배우려 했다. 그 같은 일을 1년 반 정도 계속하다 보니, 일본이라는 나라는 '일단 소속된 조직에 한 번도 사표를 내지 않은 사람들'만의 발상으로 지배되는 나라라는 사실을 재발견했다.

대기업 경영자와 관료, 또는 언론사 간부 등 소위 기득권층의 중추를 차지하는 사람들 대부분은 전직한 경험이 전혀 없는 사람들이었다. 이것이 국가의 장래를 디자인하는 데 큰 왜곡을 낳고 있는 것이 아닌가 하는 회의가 생겨났다.

세계적으로 활약하는 사람들에게는 공통점이 있다.

- 전직을 통한 새로운 인생 개척
- 새로운 장소에서 새로운 만남이 가져다주는 새로운 기회
- 조직에 의존하지 않는, 개인을 단위로 한 네트워크와 이로 인한 강인한 개인 창출
- 언제라도 실직할 수 있다는 긴장감 속에 이뤄지는 끊임없는 자기 연마와 자신에 대한 객관적 평가

물론 기득권층도 이러한 새로운 경력 패러다임을 머리로는 이해한다. 하지만 경험의 뒷받침이 없으면 사고는 표피적인 것에서 그치고

만다. 앞으로의 사회는 대조직 중심의 고도성장 모델이 아닌 새로운 사회 구조로 변해가고, 개인들은 조직에 대해 과거와는 전혀 다른 관계를 모색해야 한다. 하지만 상상만 해서는 아무것도 변하지 않는다. 젊은 세대는 지금 무엇을 생각하고 어떤 식으로 살고 있을까. 거기에 큰 관심을 갖게 되어 행동으로 나섰던 것이다.

JTPA를 발족시킨 데 이어 젊은 세대를 향한 정보 발신도 시작했다. 1976년생 젊은 편집장이 이끄는 CNET JAPAN이란 인터넷 미디어에서 20대를 대상으로 '영어로 읽는 IT 동향'이라는 블로그를 연재하기 시작했다. 2003년 4월부터 2004년 12월까지 21개월간 거의 매일 글을 올렸다. 그리고 일본 출장 때는 빈 시간을 찾아내 20대 젊은이들과 만났다. 그러는 동안 확신한 것은 전혀 새로운 유형의 일본인이 태어나고 있다는 것이었다. 사회 전체로 보면 양극 분화가 일어나고 있다는 것을 부정할 수는 없지만, 양극화된 상층부의 정신과 잠재 능력은 필자의 세대를 크게 능가하고 있음을 알게 되었다.

젊을 때는 세상을 잘 모르는 편이 낫다

실리콘밸리에서 JTPA를 만들기까지, 또 20대의 독자를 대상으로 한 블로그 연재를 시작할 때까지 젊은이들의 경력에 대해 생각할 기회는 거의 없었다. 그러나 적극적으로 활동을 시작하면서부터 빈번히 상담 요청을 받게 되었다.

언젠가 '추첨에서 그린카드(미국 영주권)가 당첨되어 미국 이주를 준비 중'이라는 28세의 남자와 이메일을 주고받았다. 그는 자신의 영어 능력이나 전문 능력을 감안할 때 미국에 가면 어떤 직종에 취직할 수 있는지에 대해 필자의 의견을 물었다.

미국에서 일하는 일본인은 대개 미국 대학이나 대학원에 유학하거나 일본 내 외국 기업에서 일하다가 미국 사회로 진출한 경우다. 그들은 신원 보증인의 보증 아래 비자를 받아 경험을 쌓아가다가 기회가 무르익었을 때 영주권을 받는 것이 보통이다. 유학이나 취업 비자 모두 반드시 누군가의 추천을 받아야 한다.

그러나 영주권을 추첨을 통해 취득했다는 것은, 그런 과정이 모두 생략된 것이다. 미국에서 일하는 외국인에게 영주권 취득은 멋진 행운이다. 그러나 일본에서 대학을 졸업하고 일본에서만 일했던, 미국 경험이 없는 28세의 젊은이가 추첨으로 영주권을 받아 미국에 가게 되면 육체 노동 정도의 직장밖에는 얻을 수 없다. 매우 어려운 현실이 그를 기다리고 있을 것이다.

그가 처한 상황을 감안해 필자는 이렇게 조언 했다.

"당신이 현 시점에서 해야 할 일은 어떤 직종이 됐건 취직을 하는 것이다. 그곳을 출발점으로 삼아 한 걸음 한 걸음 진득하게 경력을 쌓아가야 한다."

하지만 이런 이메일을 주고받은 뒤 필자는 생각에 빠져들었다. 필자가 미국에 온 것은 34세의 일이다. 영주권을 취득한 젊은이에게 이메일을 쓴 것은 44세. 필자는 조언을 부탁한 사람에게 "당신이 하려는 일은 너무 위험하다"고 대답한 것이 아닐까.

필자는 34세 때 일본 내 외국 컨설팅 업체에서 근무하다가 이 업체의 실리콘밸리 벤처 기업 사무소 책임자로 자리를 옮겼다. 소속도 일본 내 외국계 기업에서 미국 본사로 바뀌었다. 그러나 44세가 되어서 보니 이는 너무도 위험한 짓이었다. 미국 기업은 단기 실적을 기준으로 조직을 속속 개편한다. 그리고 대기업이 만든 사내 벤처 기업은 대개 실패로 끝나는 경우가 많다. 또한 상사가 바뀌게 되면 상사의 마음에 들지 않는 직원은 곧바로 해고된다.

필자도 지금은 다양한 경험을 통해 미국의 현실을 알고 있지만, 34세 때 미국에 왔을 때는 그 같은 사실을 전혀 몰랐다. 설마 잘못되기야 하겠느냐 싶었다. 열정만 있었을 뿐 한마디로 객관적이지 못했던 것이다.

그 후로 무슨 일이 벌어졌던가. 필자가 몸담았던 벤처 기업은 그다지 잘 굴러가지 않았고 회사의 시선은 곱지 않았다. 일본 법인의 상관도 교체되었고, 미국측 상관도 바뀌었다. 미국에 온 지 불과 2년 만에 그런 일이 일어났다.

그러나 환경 변화 속에서도 최선을 다하면 길은 열린다. '버리는 신(神)이 있다면 구원해 주는 신도 있다'는 속담이 있다. 새롭고 다양한 발견과 예상치 못했던 만남이 필자에게 새로운 기회를 주었다.

34세 때 좀더 세상을 알고, 좀더 객관적이 되고, 좀더 실력을 쌓은 다음에 도전하자며 모험에 나서지 않았다면…… 오싹 식은땀이 흐른다. 세상을 잘 알지 못한 것이 다행이었다는 생각이 든다.

분명 10년 전의 34세 때에 비해 44세인 필자의 눈에는 세상 돌아가는 모습이 잘 들어온다. 다양한 경험을 쌓았고 많은 사람을 봐왔다. 그러나 세상을 많이 아는 반면에, 새로운 것이나 경험하지 못했던 일에 대해 받아들이기가 힘들다. 이것을 '늙었다'고 하는 것일까.

사람은 그냥 방치해 두면 나이가 먹어감에 따라 보수적이 된다. 필자도 의식적으로 젊음과 정열을 되찾아야 한다고 절감한다. 28세인 그와 이메일 대화를 하면서 필자는 매우 소중한 것을 재발견할 수 있었다.

탈(脫)기득권층을 향한 여행

2005년 3월 28일, (주)하테나라는 회사의 임원(비상근)이 되었다. 하테나는 '하테나 인력 검색(질문을 올리면 회원 중 누군가가 대답해 주는 커뮤니티)'과 '하테나 다이어리(블로그)', '하테나 안테나(사이트의 갱신 상황을 정기적으로 파악해서 알려주는 서비스)', 그리고 '하테나 북마크(소셜 북마크)' 등의 서비스를 하는 일본의 인터넷 벤처 기업이다. 오래지 않아 모습을 드러낼 '총 표현사회'에서의 플랫폼 기업을 지향한다. 품은 뜻은 크지만 아직 창업한 지 4년에 불과하고, 사원 아홉 명(필자가 취임할 당시)은 모두 20대……. 훅 불면 날아갈 회사였다.

그러나 가벼운 마음으로 임원이 된 것은 아니다. 실리콘밸리에 1997년 뮤즈 어소시에이츠를, 2000년에는 패시피커 펀드를 창업했을 때와 마찬가지의 진지함과 신중한 검토 끝에 취임한 것이었다. 9·11 테러로 인한 충격 이후 새로운 내 자신을 구축하기 위해 다양한 시행착오를 벌였고, 그 결과 선택한 것이 이 회사였다.

경영에 참여하게 된 것은 이 회사 창업자 겸 사장 곤도 준야(近藤淳也. 당시 29세)가 수많은 일본 젊은이들 중에서도 특히 빛나는 인재였기 때문이다.

"무인도에 표류한 사람들 속에 곤도가 끼여 있다면 그는 자연스럽게 리더가 될 것."

이것이 곤도에 대한 첫인상이었다. 항상 그 무엇이든지 자신의 머리로 생각했고, 민첩한 동물 같은 강한 생명력을 갖고 있었다. 솔직했고, 돈과 물질에 대한 욕심이 전혀 없었다. 단기적으로는 비효율적인 삶일지 모르지만, 새로운 것을 창조해 내리라는 예감을 주는 그 무엇인가를 가지고 있었다.

세상에 우수한 사람은 상상 외로 많다. 그러나 신비한 인간적 매력을 가진 동시에 그릇이 크며 동물적 강인함까지 고루 갖춘 사람과 만날 기회는 그리 많지 않다. 첫 대면에서 그런 느낌을 가졌는데, 만남이 거듭되면서 느낌은 확신으로 바뀌었다.

곤도는 미에(三重) 현 출신으로 교토 대학 이학부 물리학과를 나왔다. 대학 시절에는 사이클부에서 활약했다. 대학원을 다니다 휴학하고 사이클 선수로 활약했다. 대학원을 중퇴하고 자전거 레이스의 카메라맨이 되기도 했다. 그 뒤 독학으로 인터넷과 프로그래밍을 공부했다. 그와 만난 시점은 교토(京都)에서 창업한 하테나를 도쿄로 옮긴 지 1년밖에 안 되었을 때였다.

당시 하테나의 분위기는 일본의 여타 인터넷 기업들과는 달랐다. 완전히 이질적이었다. 젊음이 넘치고 완성도가 높았다. 무엇보다 곤도가 시대의 큰 흐름을 몸으로 경험했고, 불특정 다수 무한대를 지나치게 신뢰하고 있었다.

필자는 지금까지 20년 가까이 IT산업의 경영에만 관여해 왔다. 수많은 프로젝트, 수많은 벤처 기업과 함께 일하면서 언제부턴가 '내

□ 웹 진화론

머리로 상상할 수 있는 것'에는 재미를 느끼지 못하게 되었다. 그래서 어떤 사람의 '예측 불가능한 개성'에 매력을 느낀다. 곤도와 하테나에 그런 개성이 있었다. 필자도 그들과 같은 배에 올라타서 불확실하지만 창조적인 여행에 나서고 싶었다.

곤도가 소프트뱅크의 손정의나 라쿠텐의 미키타니(三木谷), 라이브도어의 호리에(掘江)와는 전혀 다른 새로운 유형의 리더로 크게 성장해 주길 바라고 있다. 앞으로 하테나가 후회 없는 승부를 펼칠 수 있도록 필자의 지식과 경험과 인맥이 활용되길 기대한다.

하테나뿐 아니라 태어난 지 얼마 되지 않은 벤처는 결점투성이기 십상이다. 물론 결점은 보완해야 한다. 하지만 벤처 기업이 회사의 결점 수정을 최우선 사항으로 내세운다면 벤처는 존재할 근거를 잃는다. 실패하면서 다양한 것을 배워나가야 한다. 개성과 장점을 발견해내고 이를 살려나가야 한다. 그런 가장 소중한 것을 잃지 않도록 지원해 주는 것이 필자의 중요한 임무 중 하나다.

하테나에 참여한다는 나의 새로운 선택은 인생 후반기의 첫번째 사업이 되었다. 이는 탈(脫)기득권층을 향한 여행의 첫걸음이다.

글을 마치며

최근 수년간 생각해 온 것을 정리해 보고 싶었다. 그러나 다양한 생각의 단편을 한 권의 책으로 만드는 데는 방대한 '집중의 시간'이 필요하다. 그런 사실을 집필을 시작하기 전부터 알았다.

필자는 매일같이 격무에 시달리기 때문에, 사람을 만나지 않고 집필에만 집중할 수 있는 시간은 길어야 5주다. 그래서 5주간 최선을 다했다. 5주를 투자해도 책으로 정리되지 않으면 포기하겠다는 각오로 매일 새벽 3시에 일어나 오전을 모두 '집중의 시간'에 투자했다.

집필이 끝나자 부들부들 떨렸다. 지금 돌아보니 5주에 대한 기억이 흐릿하다. 그런 과정을 거쳐 이 책은 탄생했다.

집중의 시간에 두 가지를 의식했다.

하나는 낙천주의다. 필자는 실리콘밸리의 인생 선배들이 보여준 다소의 경망함, 낙천적 비전, 그리고 밝은 격려에 도움을 받았다. 구원을 얻었고 성장했다. 일본의 젊은 세대에게 이 책이 그런 역할을 해준다면 실리콘밸리에 대한 작은 보은이 될지도 모르겠다.

실리콘밸리에는 있고 일본에는 없는 것, 그것은 젊은 세대의 창조성과 과감성을 자극하는 '낙천주의로 지탱되는 비전'이다. 생물학적 나이와 상관없이 새로운 사상을 긍정적으로 받아들이고 재미있어한다. 적극적으로, 미래지향적으로 생각한다. 무언가에 도전하려는 젊은 세대를 밝게 격려한다. 그것이 실리콘밸리 어른의 전통이자 의식이며 낙관주의다.

웹 진화에 대한 이론(異論)은 많을 것이다. 그러나 필자는 낙관주의를 관철하고 싶다. 앞으로 직면할 난제를 창조적으로 해결할 힘은 낙관주의를 전제로 한 시행착오를 통해서만 얻을 수 있다고 믿기 때문이다.

또 하나는 공통 언어다. 서장의 마지막 부분에서 언급했던 것처럼 세상이 서로를 이해 못 하는 별개의 두 세계로 양분되는 것을 막기 위해, 두 세계를 연결하는 공통 언어를 제시하고 싶었다.

인터넷 세계에 사는 젊은 세대는 인터넷의 부정적인 측면만 강조하는 어른 세대에 대해 절망감을 품고 있다. 그렇다고 뜻이 같은 동료들끼리만 폐쇄적으로 지낸다면 달성할 수 있는 목표에 한계가 생긴다.

"인터넷의 의미를 막연히 이해하고는 있지만 별로 사용하지 않는다. 그러나 지적 욕구는 왕성해서 제대로 된 설명을 들으면 새로운 사상을 이해하고 그 의미를 생각할 수 있다. 그 정도의 지적 능력은 갖고 있다."

연공서열 사회가 쉽게 무너지지 않는 일본에서 이 같은 유형의 '어른들'이 여전히 권력을 잡고 있다. 그 중에는 생각이 젊고 유연성이 있으며, 젊은 세대의 사고방식을 진지하게 이해하고 지원자 내지 협력자가 되어주려는 사람들도 많다. 세대 간 소모적 대립이 아니라, 세대 간 융합과 상승효과에 의해 새로운 가치를 추구하려는 사람도 적지 않다.

젊은 세대가 뭔가 새로운 것을 하려면 이러한 사람들의 공감을 얻을 수 있는 프로젝트를 만들어내야 한다. 그들의 공감 위에서 조직을

□ 웹 진화론

움직이거나 자금을 조달해야 한다. 첨단 사상을 자신의 논리로 쉽게 설명할 수 있는 능력이 중요하다. 이 책 역시 인터넷 세계를 이해하지 못하는 사람에게 도움이 되고, 젊은이가 절망 상황에서 벗어날 수 있는 길이 된다면 더 바랄 것이 없다.

사회에서 가장 중요한 역할을 하는 사람들은 매일매일이 바쁘다. 마음은 끌리지만, 직접 시행착오를 거듭하며 웹 진화와 관련된 세계관을 구축할 시간은 없다. 그런 분들이 만약 이 책을 본다면 제1장에서 언급한 '기존 논리로 이해하려고 하면 안 된다'는 리처드 파인만 교수의 말을 다시 한 번 떠올려주길 바란다.

그런 분들은 사회 경험이 풍부하고 과거의 IT 응용 사례에도 정통하다. 그래서 지금 인터넷 세계에서 일어나려는 새로운 현상을 자신의 논리로 파악하려 한다. 인터넷 세계 자체를 몸으로 이해하는 젊은 세대와는 전혀 다른 예지로 새로운 현상에 대해 이론 무장을 하는 경우가 많다.

그러나 그런 접근 방법이 만들어내는 결론은 인터넷의 가능성에 대한 과소평가와 젊은 세대에 대한 비관, 그리고 시니컬한 시선이다. 그런 접근 방법을 시정해 주길 부탁드린다. 웹 진화를 선입견이나 유추가 아닌, 그 자체로서 이해해 주기 바란다. 그것만이, 서로를 이해 못하는 별개의 두 세계로 세상이 대립되는 것을 막는 길이다. 이 책을 통해 그런 메시지를 전달하고 싶었다.

아들과 딸에게 "너희들이 도대체 무슨 일을 하는지 이해할 수 없다"고 말하는 아버지나 "인터넷 벤처 기업이 아니라 '일본전기'나 '도요타 자동차'에 취직하면 좋았을 것을"이라고 걱정하는 어머니들에게 이 책이 다소나마 도움이 되길 바란다.

지쿠마서방(筑摩書房)의 후쿠다 교코(福田恭子) 씨와 만나지 않았다면 이 책은 세상에 나오지 못했다. 그녀의 지적이고 공손한 태도, 적절한 조언과 격려 덕분에 5주 동안 이 책에 몰두할 수 있었다. 감사드린다.

이 책은 신초샤(新潮社)의 연재물 '실리콘밸리에서 보낸 편지'를 쓰기 위해 매일같이 생각했던 내용을 정리한 것이다. 신초샤의 데라시마 데쓰야(寺島哲也) 전 편집장, 쓰쓰미 신스케(堤伸輔) 현 편집장에게 깊은 감사의 뜻을 전하고 싶다.

그리고 CNET Japan 전 편집장 야마기시 고타로(山岸廣太郎. 현 (주)그리 부사장)와 (주)하테나의 곤도 준야(近藤淳也) 사장 및 가와사키 유이치(川崎裕一) 부사장, 이토 나오야(伊藤直也) 최고 기술 책임자, 도쿄대학교 대학원의 시바타 나오키(柴田尙樹), 1975년 이후 태어난 동지들에게 많은 배움을 얻었고 감사의 말씀을 드린다.

마지막으로 인터넷의 불특정 다수 무한대 여러분이 현실 세계에서 이 책을 읽어주실 것을 기원하며 글을 접는다.

2006년 1월 우메다 모치오

Simplicity

Joy of Use

Usability   AJAX

The Long Tail

Economy

Affiliation
COSTPERCLICK

2.0

LIVELINESS

Design
MODULARITY SIMPLICITY

FLESCHRAILS

Simplicity

CSS-Design
HTML ACCESSIBILITY AJAX

Web Standards

Microformats The Long Tail

Economy

Affiliation
COSTPERCLICK

eb2.0

LIVELINESS

Design
MODULARITY SIMPLICITY

CONFFEST   FLESCHRAILS

Standardization

CSS-Design
HTML ACCESSIBILITY

Web Standards

Microformats

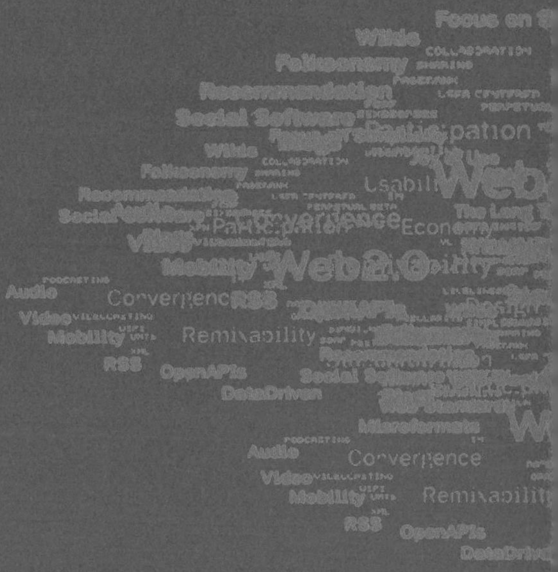
Wikis
Folksonomy
Recommendation
Social Software
Usability
Audio
Video
Mobility
RSS
OpenAPIs
DataDriven
Microformats

plicity
Joy of Use
sability AJAX
The Long Tail
Economy
Affiliation
.0
LIKELINESS
Design
MODULARITY SIMPLICITY
FLEXONRAILS
Simplicity
SEMANTIC CSS-Design
HTML ACCESSIBILITY AJAX
Web Standards
croformats The Long Tail
Economy
b2.0 Affiliation
COSTPERCLICK
LIKELINESS
Design
MODULARITY SIMPLICITY
FLEXONRAILS
tandardization
SEMANTIC CSS-Design
HTML ACCESSIBILITY
Web Standards
Microformats